AF245723

Ie 163
1906

DES

EAUX DE VICHY.

Librairie médicale de Germer Baillière.

OUVRAGES DU MÊME AUTEUR.

TRAITÉ DU RAMOLLISSEMENT DU CERVEAU (ouvrage couronné par l'Académie nationale de Médecine), 1845, 1 vol. in-8. 7 fr.

MÉMOIRE SUR LES RÉACTIONS ACIDES OU ALCALINES présentées par l'urine des malades soumis au traitement par les eaux de Vichy. 1849, in-8. 1 fr. 60 c.

AUBER. Hygiène des FEMMES NERVEUSES, ou conseils aux femmes pour les époques critiques de leur vie. 1844, 2ᵉ édit., 1 vol. in-18. 3 fr. 50 c.

BRIERRE DE BOISMONT. Des HALLUCINATIONS, ou histoire raisonnée des apparitions, des visions, des songes, de l'extase, du magnétisme et du somnambulisme. 1852, 2ᵉ édit., 1 vol. in-8. 6 fr.

FOSSATI. Manuel-pratique des PHRÉNOLOGIE, ou physiologie du cerveau, d'après les doctrines de Gall, de Spurzheim, de Combe, et des autres phrénologistes; par M. le docteur Fossati, président de la Société phrénologique de Paris. 1844, 1 vol. grand in-18, avec 37 portraits d'hommes célèbres, et 6 figures d'anatomie. 6 fr.

GAUTHIER (Aubin). Traité pratique du MAGNÉTISME et du SOMNAMBULISME, ou résumé de tous les principes et procédés du magnétisme, avec la théorie et la définition du somnambulisme, la description du caractère et des facultés des somnambules, et les règles de leur direction. 1845, 1 fort. vol. in-8. 7 fr.

MÉDECINE, CHIRURGIE ET PHARMACIE DES PAUVRES, contenant les premiers secours à donner aux empoisonnés et aux asphyxiés, et les remèdes faciles à préparer et peu chers, pour le traitement de toutes les maladies. Nouv. édit. refondue. 1839. 1 vol. grand in-18. 2 fr. 50 c.

FABRE. Dictionnaire des DICTIONNAIRES DE MÉDECINE français et étrangers, ou traité complet de médecine et de chirurgie pratiques, de thérapeutique, de matière médicale, de toxicologie, et de médecine légale, etc. 1850-1851, 9 vol. in-8, y compris un volume supplémentaire. 45 fr.

On vend séparément le tome IX, ou volume supplémentaire, publié par une société de professeurs, d'agrégés à la Faculté de médecine, de médecins, de chirurgiens, de pharmaciens en chef et d'anciens internes des hôpitaux de Paris, sous la direction de M. le docteur Tardieu. (Tous les articles de ce supplément sont signés par les auteurs.) 1851, 1 vol. in-8 de 800 pages. 9 fr.

DELEUZE. Instruction pratique sur le MAGNÉTISME ANIMAL. Nouvelle édition, précédée d'une notice historique sur la vie et les ouvrages de l'auteur, et suivie d'une lettre d'un médecin étranger. 1850, 1 vol. in-12. 3 fr. 50 c.

DUPOTET. Manuel de l'ÉTUDIANT MAGNÉTISEUR, ou nouvelle instruction pratique sur le magnétisme, fondée sur trente années d'expériences et d'observations. 1851, 2ᵉ édit. 1 vol. grand in-18, avec 2 fig. 3 fr. 50 c.

SANDRAS. Traité pratique des MALADIES NERVEUSES. 1851, 2 vol. in-8. 12 fr.

Beauvais. — Imprimerie d'Ach. Desjardins.

DES
EAUX DE VICHY,

CONSIDÉRÉES

SOUS LES RAPPORTS CLINIQUE ET THÉRAPEUTIQUE,

SPÉCIALEMENT

Dans les Maladies des organes de la Digestion, la Goutte
et les Maladies de l'Algérie,

PAR

LE DOCTEUR DURAND-FARDEL,

MÉDECIN-INSPECTEUR DES SOURCES D'HAUTERIVE, A VICHY,

Ex-Interne-Lauréat des Hôpitaux de Paris,
Membre honoraire et ancien Vice-Président de la Société anatomique,
Membre titulaire de la Société d'Observation et de la Société de Médecine de Paris,
Membre correspondant et Lauréat de l'Académie nationale
de Médecine, de la Société médicale d'émulation de Lyon, des Sociétés
de Médecine de Bordeaux, Nancy, etc.

PARIS,

GERMER BAILLIÈRE, LIBRAIRE-ÉDITEUR,

17, rue de l'Ecole de Médecine.

LONDRES et NEW-YORK, MADRID,
H. BAILLIÈRE. CH. BAILLY-BAILLIÈRE.

1851.

C'est dans cet esprit qu'a été conçu ce travail : déterminer les indications qui doivent présider à l'administration des eaux de Vichy dans les maladies.

Voici comment nous avons divisé notre sujet.

Après avoir tracé un court tableau des eaux de Vichy et de leur *constitution chimique*, nous avons étudié, d'une manière générale, leurs *propriétés thérapeutiques*, rapprochées de celles des autres eaux minérales, et nous avons essayé de donner une idée aussi exacte que possible des ressources que la thérapeutique thermale peut offrir à l'art de guérir.

Nous avons ensuite présenté l'application des principes que nous venions d'émettre, à quelques-unes des maladies que l'on traite à Vichy. Nous avons choisi, pour sujet de ces *études cliniques*, la *dyspepsie*, maladie dans laquelle l'action des eaux de Vichy sur la vitalité de nos organes peut se constater de la manière la plus manifeste ; la *goutte*, qui a surtout servi de matière aux théories chimiques dont les eaux minérales ont jusqu'ici fait spécialement les frais ; et les *maladies de l'Algérie*, qui nous ont paru particulièrement propres à mettre en lumière la part qu'il faut faire aux diathèses et aux cachexies dans l'étude des maladies chroniques. Nous avons cherché à faire servir à la pathologie, autant qu'à la thérapeutique, les observations que nous avons recueillies sur ces différens sujets.

Enfin, nous avons abordé la question de la *pratique* des eaux de Vichy ; c'est-à-dire qu'après avoir complété les études précédentes par un chapitre sur la méthode à suivre pour déduire les indications des différentes eaux minérales en particulier, nous sommes entré dans quelques détails sur l'application même des eaux de Vichy, sur la manière de les administrer, les phénomènes spéciaux qui en résultent, etc., enfin tout ce qui peut aider à établir les indications ou les contre-indications de leur emploi.

Ce travail n'est pas un traité, c'est une étude.

Nous n'avons cessé d'avoir, en le rédigeant, présent à l'esprit l'embarras que nous avions éprouvé, en abordant pour la première fois l'étude des eaux de Vichy, causé par le manque absolu d'un guide, d'une méthode rationnelle qui puisse diriger dans l'application de ces eaux. Nous avons essayé de combler cette lacune : ce qu'il reste à faire dans ce sens ne nous a pas découragé, car nous ne prétendons qu'apporter quelques lumières sur des questions aussi difficiles qu'étendues, et qui méritent, de la part des praticiens, peut-être, un peu plus d'attention qu'ils ne leur en ont encore consacré.

Ce travail est le résumé de nombreuses observations recueillies à Vichy, tant dans la pratique particulière, qu'à l'hôpital civil dont nous avons suivi le service pendant plusieurs années, après l'avoir dirigé nous-même durant une saison thermale. Nous nous sommes également servi des travaux déjà publiés sur les eaux de Vichy : si la critique, ou plutôt la discussion, tient une certaine place dans cet ouvrage, c'est qu'elle était commandée par la différence complète du point de départ qui a présidé, soit à nos propres études, soit à celles dont nous avons combattu les tendances autant que les résultats. Nous avons puisé d'utiles renseignemens dans les écrits des anciens intendans ou inspecteurs des eaux de Vichy, Claude Fouet, Tardy, Desbrest, etc.; mais il faut, dans la plupart des ouvrages qu'ils nous ont laissés, quelqu'attention pour discerner des indications positives, parmi les explications chimiques auxquelles ils accordaient en général la plus grande place.

Il nous reste un devoir à remplir, c'est de rapporter à

M. le docteur Prunelle la part qui lui revient dans ce que nous avons appris nous-même des eaux de Vichy, et dans la direction qu'ont suivie nos études sur ce sujet. Nous sommes heureux de pouvoir saisir encore cette occasion de témoigner hautement au digne et savant inspecteur de l'établissement thermal de Vichy, la reconnaissance que nous lui devons pour l'aide et l'appui que nous avons trouvés, auprès de lui, à notre début dans la carrière des eaux minérales.

Paris, 20 Avril 1851.

TABLE DES MATIÈRES.

DES EAUX

DE VICHY.

PREMIÈRE PARTIE.

CHIMIE ET THÉRAPEUTIQUE.

CONSIDÉRATIONS CHIMIQUES.

Les sources de Vichy sont au nombre de sept (1); huit, si l'on compte une nouvelle source obtenue par un forage artésien (*source Brosson*), sur laquelle aucune observation thérapeutique n'a été faite encore, mais qui ne paraît pas devoir être moins importante que les autres; davantage, si l'on y ajoute celles qui avoisinent Vichy, les sources de Cusset et d'Hauterive. Parmi ces dernières, les *eaux d'Hauterive* fixeront particuliè-

---

(1) *Grande Grille*; *grand Puits* ou *Puits carré*; *puits Chomel* ou *petit Puits*; *source des Acacias* (*sources Lucas et des Acacias réunies ensemble, autrefois petit Boulet*); *Hôpital* (autrefois *gros Boulet*); *Célestins*; *source Lardy*, ou de l'enclos des Célestins.

1

rement notre attention, parce qu'elles appartiennent réellement, par leur proximité et par l'usage qu'on en a fait jusqu'ici, aux eaux de Vichy proprement dites, et parce qu'on y construit un établissement de bains auquel elles vont devoir une importance nouvelle.

Lorsque l'on considère ces différentes sources uniquement sous le rapport des résultats fournis par l'analyse chimique, on est frappé de l'analogie, presque de l'identité, de leur composition. Toutes renferment, par litre, environ un demi-litre d'acide carbonique et 5 grammes de bicarbonate de soude, sur 6 à 7 grammes de substances minéralisantes. Dans toutes enfin, MM. Chevallier, Gobley et Barthez, ont trouvé récemment de l'arsenic (1). Aussi ne pensons-nous pas que l'on doive s'en tenir uniquement aujourd'hui à ce genre de considération, lorsque l'on veut procéder à l'appréciation relative de ces diverses sources, et des circonstances propres à fixer l'attention des médecins. Voici, du reste, ce qu'on peut appeler l'analyse classique des eaux de Vichy, celle de Longchamp, faite en 1825 à Vichy même, par ordre du gouvernement.

---

(1) Chevallier et Gobley : *Recherches sur la présence de l'arsenic dans les eaux minérales et dans les dépôts qu'elles fournissent;* Bulletin de l'Académie de médecine, séance du 28 mars 1848, t. XIII, p. 864.

Chevallier et Barthez : *Essai sur les proportions d'arsenic contenues dans les eaux minérales de Vichy, de Cusset et d'Hauterive.*

Collas : *Essai sur l'arsenic dans les eaux minérales et dans celles de Vichy en particulier;* Thèse, 1850, Montpellier.

SOURCES	Grande Grille.	Hôpital.	Grand Bassin (Puits carré).	Célestins.	Chomel.	des Acacias.	Lucas.
Acide carbonique......	litre. 0,475	litre. 0,494	litre. 0,554	litre. 0,562	litre. 0,499	litre. 0,649	litre. 0,540
Carbonate de soude....	gramm. 4,9814	gramm. 5,0515	gramm. 4,9814	gramm. 5,5240	gramm. 4,9814	gramm. 5,0515	gramm. 5,0865
— de chaux......	0,5498	0,5225	0,5429	0,6105	0,5488	0,5668	0,5005
— de magnésie....	0,0849	0,0952	0,0867	0,0725	0,0852	0,0972	0,0970
Muriate de soude......	0,5700	0,5426	0,5700	0,5796	0,5700	0,5426	0,5465
Sulfate de soude	0,4725	0,4202	0,4725	0,2754	0,4725	0,4202	0,5955
Oxide de fer..........	0,0029	0,0020	0,0066	0,0059	0,0051	0,0170	0,0029
Silice.............	0,0756	0,0478	0,0726	0,1451	0,0721	0,0510	0,0445
	6,5551	6,6814	6,5527	6,9802	6,5551	6,7461	6,6678

Quelle que soit l'habileté de chimistes tels que MM. Longchamp, O. Henri, Chevallier, à qui nous devons les analyses que nous possédons aujourd'hui, comme la plupart de celles-ci ont été faites à une grande distance de Vichy, et par conséquent après un certain temps écoulé depuis le puisement des eaux, et

comme, depuis les travaux de Longchamp, on a fort perfectionné les méthodes propres à guider dans de telles
recherches, sans parler des changemens qui ont pu s'opérer dans la proportion des principes constituans des eaux
(Chevallier), nous ne saurions trop insister sur l'utilité
d'analyses nouvelles, faites sur les lieux, à loisir, non
pas avec la précipitation de recherches passagères, mais
avec la maturité que réclament ces études difficiles.

La mesure des gaz, l'examen de cette matière encore
si peu connue, qu'on a appelée *barégine* ou *glairine*,
le rapprochement des sources diverses d'une même localité et des localités voisines, nous paraissent des sujets dignes d'être approfondis dans l'intérêt des sciences
chimique et géologique, auxquelles appartiennent au
même degré les études d'hydrologie. Nous sommes obligé
d'ajouter, cependant, que la médecine ne nous paraît
pas appelée à profiter au même degré des recherches
que nous recommandons. Il nous paraît difficile qu'il en
puisse ressortir quelqu'indication inaperçue jusqu'ici,
et en effet, nous ne voyons pas que la découverte si intéressante de l'arsenic, par MM Chevallier et Gobley,
celle de la strontiane, de bromures et d'iodures alcalins
(en très-faible quantité, il est vrai), par M. O. Henri,
aient ajouté aux ressources thérapeutiques que nous offraient auparavant les eaux de Vichy. Nous croyons que
la chimie a prêté à la médecine, sous ce point de vue,
à-peu-près tout ce qu'elle pouvait lui offrir, et que ce
n'est pas dans cette direction que l'on devra chercher
aujourd'hui à corriger ou à compléter les indications qui
ont jusqu'ici conduit à leur emploi.

C'est donc autant aux médecins qu'aux chimistes que nous proposons la division suivante des sources de Vichy ; c'est-à-dire que, en présence des résultats fournis par la pratique des eaux de Vichy, nous croyons pouvoir ne pas attendre des résultats analytiques plus complets pour classer ces eaux de la manière suivante :

Sources alcalines thermales ... { Grande Grille. / Hôpital.

Source alcaline non thermale.. Célestins.

Sources alcalines ferrugineuses. { Puits Lardy. / Sources d'Hauterive.

Sources alcalines sulfureuses... { Source des Acacias. / Puits carré. / Puits Chomel.

Source alcaline ferrugineuse et sulfureuse............... { Source des Dames (*route de Cusset.*)

Telle est la division pratique, médicale, des sources de Vichy ; telle est celle qui nous paraît propre à donner une idée aussi exacte que possible de la médication qu'ont à leur disposition les médecins chargés d'administrer ces eaux. Nous allons passer successivement en revue les différens groupes que nous venons d'établir.

Sources alcalines thermales. (GRANDE GRILLE ; HÔPITAL.) —Rien ne prouve mieux que la comparaison des deux sources de l'*Hôpital* et de la *grande Grille*, quelle part l'empirisme doit prendre dans l'emploi des eaux thermales. La composition de ces deux sources est sensiblement la même, leur saveur semblable, leur température offre une légère différence, moindre, à ce qu'il paraîtrait, aujourd'hui qu'autrefois. En effet, si Lassone a trouvé, en 1750, 39° Réaumur pour la *grande Grille* et 29° pour l'*Hôpital*, et si la plupart des observations subséquentes signalent de 4 à 5° de différence entre ces deux sources, nous avons trouvé nous-même 30° pour l'*Hôpital*, et de 33 à 34 pour la *grande Grille*. M. Baudrimont a trouvé 30°,9 et 31 pour l'*Hôpital*, et 32°,8 et 34,4 pour la *grande Grille*, et M. Petit aurait également noté 32° pour l'une et pour l'autre, en 1846.

Et cependant, l'eau de la *grande Grille* et celle de l'*Hôpital* ne peuvent, chez la plupart des malades, se suppléer l'une l'autre; la première est trop excitante pour être prise impunément par un grand nombre de malades atteints d'affections gastro-intestinales, non plus que par ceux dont le système nerveux est très-excitable, ou qui sont disposés aux congestions ou aux hémorrhagies. Aussi est-il de tradition, depuis longues années, que les malades délicats, susceptibles, nerveux, dyspeptiques, soient adressés à la source de l'*Hôpital*, et les malades lymphatiques, ou affectés de calculs biliaires, de gravelle, de maladies du foie, de la rate, de goutte, ceux enfin dont les voies digestives ne sont pas primitivement affectées, à la source de la *grande Grille*. Nous avons maintes fois constaté la convenance d'une telle pratique. Cependant il y a des exceptions à cela, dépendant sans doute de certaines conditions idiosyncrasiques dont il est le plus souvent impossible de se rendre compte. Mais ces exceptions, importantes à considérer dans la pratique, ne changent rien aux indications générales que nous venons d'exprimer.

D'un autre côté, si l'eau de l'*Hôpital* est moins excitante, elle est quelquefois plus lourde, d'une digestion plus difficile, ce que M. Prunelle paraît attribuer à la plus grande quantité de glairine qu'elle renferme (1). Nous verrons ailleurs qu'elle est parfaitement remplacée, dans ce cas, par l'eau du puits Lardy.

La source de l'*Hôpital* semble effectivement, de toutes celles de Vichy, celle qui renferme le plus de *glairine*, ou du moins qui en produit le plus, car on sait que la glairine ne peut être constatée en nature dans l'eau minérale elle-même, mais paraît se former aux dépens des matières organiques tenues en dissolution dans l'eau, par suite de la concrétion ou de l'agrégation de leurs molécules au contact de l'air. Il est du reste tout à fait impossible, comme le fait remarquer Berzelius, d'émettre une opinion sur l'origine d'un corps composé à la manière des corps organiques, qui est amené par l'eau;

---

(1) Lorsque l'eau de l'*Hôpital* est exposée au soleil, dans le bassin qui la reçoit, on voit se développer à sa surface une grande quantité de flocons d'un vert foncé, semblables à des conferves. Ce serait, suivant M. Prunelle, un composé de barégine et de carbone, fourni par des animaux infusoires de la classe des *naviculaires*. Le développement de ces infusoires décomposerait l'acide carbonique de l'eau, fixerait le carbone et dégagerait une grande quantité d'oxygène que l'on recueillerait au bouillonnement de l'eau.... *(Notes inédites.)* Depuis que le bassin de cette fontaine a été recouvert, cette action remarquable du soleil ne se faisant presque plus sentir, le développement de cette matière verte est considérablement diminué.

d'une aussi grande profondeur, à la surface de la terre. Il nous paraît également difficile de se prononcer relativement à la part que la glairine peut prendre aux propriétés thérapeutiques des eaux minérales. M. Bonjean fait observer, à ce sujet, que les eaux minérales de l'Allemagne et de la Bohême, qui ne contiennent rien de semblable, jouissent de la même efficacité que les eaux les plus abondamment pourvues de glairine (1).

M. Nivet décrit ainsi, dans un ouvrage récent, la matière organique qu'il a rencontrée dans toutes les eaux minérales, salines et ferrugineuses de l'Auvergne et du Bourbonnais : « A une petite distance du point où la source minérale se trouve en contact avec l'atmosphère, elle s'organise et vient nager à la surface de l'eau sous la forme de filamens ou d'une écume jaune-verdâtre, verte ou rouge-verdâtre. En étudiant avec soin cette écume et ces filamens au microscope, on reconnaît qu'ils sont constitués par des fragmens de tubes transparens, incolores ou colorés en vert, qui paraissent articulés les uns aux autres. Ces filamens, qui se trouvent placés sur la limite du règne animal et végétal, sont entremêlés d'une grande quantité de monades et d'un certain nombre d'animaux microscopiques de forme ovale, moitié moins gros que les rotifères, et renfermant des corpuscules arrondis. Nous y avons aussi constamment trouvé des rotifères à une seule rangée de cils, et des

----

(1) Bonjean : De la *Glairine des Eaux minérales*, dans *Journal de Pharmacie et de Chimie*, 1849, t. xv, p. 52.

aiguilles blanches ou rougeâtres, un peu moins longues que celles de la colle (1). »

La différence de propriétés thérapeutiques que nous avons signalée dans les deux sources de l'*Hôpital* et de la *grande Grille*, s'efface par la transportation et la conservation, et l'eau de la *grande Grille* convient alors dans beaucoup de cas auxquels elle ne serait pas applicable, à Vichy même.

Source alcaline non thermale. (CÉLESTINS.) — La source des *Célestins*, dont la température a été trouvée par M. Petit de 10°,50 et 13, en 1837 et 1846, de 14° par M. Blondeau, et de 13 par nous-même, présente, sur les autres sources, un léger excédant et d'acide carbonique et de principes minéralisateurs, fournis surtout par la silice et par le bicarbonate de soude.

Cette source à laquelle, je ne sais trop pourquoi, s'est attribuée une sorte de spécificité dans le traitement de la goutte et de la gravelle, est plus agréable à boire que les autres sources de Vichy, et plus facile à tolérer, pour quelques personnes, à cause de sa température ; mais elle est également plus excitante que les autres. Elle ne saurait être, en général, employée dans les maladies des voies digestives, et détermine, plus souvent que les autres sources de Vichy, les effets propres au gaz acide carbonique.

La nouvelle *source Brosson*, à laquelle M. L. Batilliat

---

(1) Nivet : *Etudes sur les Eaux minérales de l'Auvergne et du Bourbonnais,* 1850, p. 106.

a trouvé de 22 à 23°, M. Petit 24°, et nous-même 21° 50, paraît, sous le rapport de la température, sur la limite des deux sortes de sources alcalines que nous venons d'étudier. En voici, du reste, l'analyse par M. O. Henry :

Pour 1,000 gram. d'eau.

Azote		inapprécié.
Acide carbonique libre		0,272 (litre.)
Bicarbonates anhydres	de soude	4,840 (gramm.)
	de potasse	indices.
	de chaux	0,094
	de magnésie	0,057
	de strontiane	traces.
	de lithine	
Sulfates anhydres	de soude	0,410
	de potasse	0,004
Chlorures	de sodium	0,500
	de potassium	0,003
Iodure Bromure	alcalins	sensibles.
Silicate	de soude	0,340
	d'alumine	0,233
Fer et manganèse		0,001
Matière organique azotée (avec conferves) indices.		

6,482

Sources alcalines ferrugineuses. (Source Lardy; sources d'Hauterive.) — Nous pouvons affirmer avec certitude que les analyses chimiques que nous possédons n'ont encore fourni que des résultats incomplets, sous le rapport de la proportion de fer que renferment certaines sources de Vichy.

La plupart des sources de Vichy laissent sur le bord des bassins qui les renferment et des ruisseaux où elles s'écoulent, quelques traces ocracées qui y décèlent la présence du fer.

Longchamp avait signalé, dans toutes, une proportion d'oxyde de fer, variant de 0,0170 (*Acacias*) à 0,0020 (*Hôpital*). Du reste, la saveur si caractéristique du fer ne se fait sentir dans aucune.

Mais une source obtenue, il y a quelques années, par un forage artésien, dans l'enclos des Célestins, la *source Lardy*, s'est présentée avec une apparence nouvelle. L'abondance du dépôt ocreux qu'elle laisse au fond de son bassin et sur son passage, sa saveur caractéristique, annonçaient qu'il y existait une proportion importante de fer, et qui devait sans doute lui assigner des propriétés spéciales.

Cependant, dans une analyse faite en 1845 (sur de l'eau transportée à Paris), M. O. Henri n'y signalait que 0,001 fer et manganèse, exactement la même proportion que dans la source de la *grande Grille*, où il avait également trouvé fer et manganèse 0,001. L'identité de ces deux chiffres ne saurait laisser de doute sur l'infidélité de l'analyse du fer, au moins pour ce qui est de l'eau prise à sa source. Une analyse faite en 1849 par un pharmacien très-distingué de Gannat, a donné des résultats assez différens de celle de M. O. Henri, pour que nous transcrivions ici le tableau comparé de l'une et de l'autre.

Pour 1,000 grammes d'eau.

		O. HENRY.	LEFORT.
Gaz non combinés.		—	—
Azote......................		inapprécié.	0,12
Oxygène..................		*idem.*	0,02,5
Acide carbonique..........		0,501 (litre).	0,519(lit.)
Substances fixes.			
Bicarbonates anhydres.	de soude......	4,157 gr.	4,461 gr.
	de potasse.....	traces.	indices.
	de chaux......	0,277	0,610
	de magnésie ...	0,210	0,084
	de strontiane...	traces.	indices.
	de lithine	traces.	indices.
	de fer	—	0,031
	de manganèse..	—	indices.
Sulfates anhydres.	de soude	0,170	0,173
	de potasse.....	0,020	0,078
Chlorures ..	de sodium.....	0,358	0,667
	de potassium...	0,022	sensibles.
Iodure..... Bromure...	alcalins	sensibles.	indices.
Phosphates		?	—
Nitrates....................		?	—
Silicate de soude		0,120	0,092
— d'alumine		inappréc.	0,017
Fer et manganèse..........		0,001	—
Arsenite de chaux		—	indices.
Crénate de fer.............		—	peu.
Matière organique azotée avec conferves		indices.	—
et sulfurée..........		—	sensibles.
Substances minéralisantes....		5,315	6,213

Cette analyse de M. Lefort nous donne-t-elle la proportion définitive du fer contenu dans la *source Lardy?* Il est regrettable qu'on ne trouve pas, indiqué dans ce tableau, ce que les chimistes négligent presque toujours à tort, c'est l'espace de temps écoulé depuis le puisement de l'eau jusqu'à son analyse, et la distance qu'elle a eu à parcourir. Si une précaution semblable avait toujours été prise, nous aurions sans doute une explication de beaucoup de différences dans les analyses, ainsi que des renseignemens précieux sur l'altération que le temps et la transportation peuvent faire éprouver aux eaux minérales.

Nous ferons remarquer ici deux choses : d'abord, que le fer, soit à l'état d'oxyde, soit à l'état de carbonate, moins souvent à l'état de crénate, existe dans presque toutes, peut-être dans toutes les eaux alcalines ou salines, c'est-à-dire dans les eaux, ordinairement gazeuses, où dominent les sels de soude, de chaux ou de magnésie. Il n'en est pas de même des eaux sulfureuses; sur plus de trente eaux sulfureuses, dont l'analyse est consignée dans l'ouvrage de M. Patissier (1), l'existence du fer n'est notée que neuf fois.

D'un autre côté, c'est toujours à très-faible dose que le fer existe dans les eaux ferrugineuses dont les propriétés spéciales sont le mieux caractérisées. C'est ainsi que l'analyse de l'eau de Spa ne donne que 0,0608 d'oxyde de fer par litre, dans la source la plus chargée de fer (0,077 dans un autre analyse); celle de Passy,

___

(1) Patissier : *Manuel des eaux minérales,* 1857.

0,045 de sous-trito-sulfate de fer; celle de Cransac, 0,1138 sulfate de fer et 0,1138 carbonate de fer dans la source douce, et 0,5693 sulfate de fer et 0,4552 carbonate de fer dans la source forte (1). Quoi qu'il en soit de la valeur de chacune de ces analyses, M. Orfila a fait remarquer que 5 centigrammes de carbonate de fer suffisaient pour communiquer à 600 grammes d'eau un goût prononcé, et il est probable que beaucoup de sources, non classées, mais usitées dans un grand nombre de campagnes, doivent de réelles propriétés à la très-petite quantité de fer qu'elles renferment. Il y a du reste bien loin des quantités de fer que nous prescrivons dans la thérapeutique ordinaire, à celles qui paraissent pénétrer dans l'économie sous la forme d'eaux minérales. C'est sans doute à l'état de dissolution et d'extrême division du fer pris sous cette forme, qu'il faut attribuer une telle efficacité, et surtout à son union avec d'autres principes minéralisateurs.

Parmi les sources qui, comme celles dont nous nous occupons, présentent le fer uni dans une proportion notable au carbonate de soude, nous remarquons celles de :

Vals (Ardèche); Bicarbonate de soude.... 7,157
                 Oxyde de fer.......... 0,015
Saint-Alban (Loire); Carbonate de soude. 1,8528
                 Oxyde de fer 0,1041
Saïl (Loire); Carbonate de soude........ 1,79
                 Carbonate de fer.......... 0,10

(1) Patissier : *Loc. cit.*

La saveur de l'eau *d'Hauterive* et la nature du dépôt qu'elle laisse sur les parois des cylindres qu'elle traverse, l'ont fait ranger par M. Chevallier, qui n'en a pu faire qu'un examen un peu superficiel, parmi les eaux ferrugineuses (1). L'analyse suivante, due à MM. Sallard et Saladin, de Moulins, vient à l'appui de cette opinion :

	grammes.
Acide carbonique libre	6,1473
Bicarbonate de soude.	5,4688
——————— de chaux.	0,2700
——————— de magnésie.	0,0801
——————— de fer	0,4750
Muriate de soude.	0,0360
Sulfate de soude	0,3850
Silice.	0,0600
	6,7749

Cependant nous ne saurions considérer ces résultats comme d'une absolue certitude (cette analyse a été faite à la source même), car il nous est difficile d'admettre que l'eau *d'Hauterive* contienne une plus forte proportion de fer que celle du *puits Lardy*, où M. Lefort n'a trouvé que 0,031 de bicarbonate de fer.

Ces deux sources sont d'une température peu élevée. M. Chevallier a trouvé en 1836 14° 25 et 16° 25 à cha—

---

(1) Chevallier : *Recherches sur quelques eaux minérales, et notamment sur celles de l'Allier.* Il est difficile de s'expliquer comment ment Desbrest (*Traité des eaux de Chateldon, de Vichy et d'Hauterive,* p. 266), a pu dire que l'eau d'Hauterive n'était pas ferrugineuse.

cune des deux sources d'Hauterive. La source Lardy a
été trouvée à différentes reprises de 24 à 25°.

Sources alcalines sulfureuses. (SOURCE DES ACA-
CIAS, PUITS CARRÉ, PETIT PUITS.) — Ici nous ne pouvons qu'en appeler à des analyses nouvelles. Assurément,
lorsque nous trouvons, dans l'analyse de Longchamp, la
composition des sources *Lucas* et des *Acacias* (1), aujourd'hui réunies sous le nom de *source des Acacias*, et
celle du *petit Puits* (ou *puits Chomel*), indiquées comme
à-peu-près identiques avec celle des *Célestins*, par exemple, nous pouvons affirmer que de semblables résultats
manquent d'exactitude.

Depuis long-temps déjà la présence du soufre avait
été reconnue dans ces deux sources. Chomel rapporte
que lorsque la source du *petit Puits* fut découverte, en
creusant les fondemens d'un bâtiment neuf, il s'exhala,
à mesure que l'on faisait les fouilles, une odeur de soufre
telle que les ouvriers furent obligés de quitter le travail (2).

Desbrest remarque que l'odeur d'œufs couvés qu'exhale
cette même source, est moins prononcée que dans la
source des Acacias (*petit Boulet*). Quant à celle-ci, que
l'on appelait encore autrefois *source des Galeux*, elle a,
dit-il, une odeur d'œufs couvés ou de foie de soufre si
marquée, qu'il est impossible de la méconnaître, surtout lorsque les molécules odorantes qui s'en échappent

---

(1) Voyez plus haut, p. 5.
(2) Chomel : *Traité des eaux minérales de Vichy*, 1758, p. 152.

continuellement sont plus rapprochées dans les temps froids, surtout pendant les gelées de l'hiver (1).

Ces observations de Desbrest sont faciles à confirmer aujourd'hui : en outre, il est possible de s'assurer, par des moyens plus certains, de la présence du soufre dans ces sources, ainsi que dans celle du *puits Carré* que M. Baudrimont croit plus sulfureuse que le *puits Chomel*, et qui n'est usitée que pour les bains et douches du grand établissement.

En faisant passer pendant huit jours les gaz du *puits Carré* à travers une solution de nitrate d'argent, M. Baudrimont a obtenu une coloration noirâtre de sulfure d'argent. Un tuyau donnant issue aux gaz du même puits vient s'ouvrir sur le mur peint en blanc de la galerie du grand établissement, et y dépose une couche épaisse de sulfure de plomb. Une lame de plomb, placée à l'orifice du *puits Carré*, s'est noircie en trois heures. M. Prunelle avait vu également une pièce d'argent se noircir dans l'eau du *puits Chomel (notes inédites)*. Enfin, M. Baudrimont a trouvé la *sulfuraire* dans la *source des Acacias*. Quant à la *source des Dames* (route de Cusset), qui paraît contenir la plus forte proportion de gaz acide carbonique de toutes les sources de Vichy, et qui renferme également une proportion considérable de fer, le gaz qui s'en échappe a coloré en noir, en une heure trente minutes, une dissolution d'*acétate de plomb*. Enfin, M. Chevallier avait signalé, d'une

----

(1) Desbrest : *Traité des eaux minérales de Chateldon et de celles de Vichy et d'Hauterive*, 1778, p. 145.

manière générale, en 1837, la présence de l'acide hydrosulfurique dans les eaux de Vichy (1). Nous croyons qu'il en est de ce gaz comme du fer, qu'il existe dans toutes les sources de Vichy, mais qu'il peut servir à en caractériser quelques-unes où il prédomine. (Eaux sulfureuses accidentelles [Fontan]) (2).

L'attention des chimistes devra donc se porter sur cet élément, signalé depuis long-temps, mais non encore constaté jusqu'ici par des analyses rigoureuses. M. Prunelle attache une grande importance à la composition de la *source des Acacias* et aux ressources qu'elle peut offrir à la thérapeutique. Nous-même avons traité avec succès plusieurs lichens rebelles, avec l'eau de cette source, qui alimente plusieurs baignoires du grand établissement. Quant à l'eau du *petit Puits*, à l'exemple de M. Prunelle encore, nous l'avons prescrite fréquemment à des personnes atteintes, outre les affections qui les avaient plus spécialement appelées à Vichy, de catarrhe pulmonaire, de dyspnée nerveuse, ou simplement d'une susceptibilité particulière des organes respiratoires, et nous avons presque toujours trouvé, dans cette pratique,

---

(1) Chevallier : *Loc. cit.*

(2) Parmi les eaux dont les gaz présentent un mélange d'acide carbonique et d'hydrogène sulfuré, nous signalerons celles d'Aix-la-Chapelle, de Rennes, d'Aix en Savoie et de Schinznach en Suisse, où domine l'hydrogène sulfuré, celles de Greoulx et d'Enghien où domine l'acide carbonique. (Patissier.) Parmi les eaux à la fois sulfureuses et alcalines, la plus remarquable est certainement Bagnères-de-Luchon, dont la source des *Acacias* peut être rapprochée (de loin, il est vrai), pour le traitement des maladies de la peau.

le moyen de faire supporter les eaux de Vichy à des malades, auxquels certaines contre-indications ne permettaient pas de boire l'eau des autres sources sans inconvénient ou sans danger, ou même nous avons obtenu un soulagement considérable de symptômes au moins fort incommodes, s'ils n'offraient pas une gravité considérable.

Telle est, considérée d'une manière générale, et sous le point de vue chimique, la médication dont nous allons maintenant étudier les effets thérapeutiques, et présenter quelques applications spéciales.

S'il est vrai que ce soit à la prédominance des sels alcalins, ou du fer, ou du soufre, et à certaines conditions de température, que l'on puisse rapporter, au point de vue purement chimique, les effets les plus importans et les plus spéciaux des eaux minérales, on voit que les sources de Vichy forment en quelque sorte un cercle hydrologique complet, et digne de fixer sous ce rapport l'attention des praticiens.

On comprend que nous ne voulons pas dire que les eaux de Vichy puissent remplacer les eaux sulfureuses ou ferrugineuses proprement dites ; mais seulement qu'elles empruntent à la présence de certains élémens, tels que le fer ou le soufre, et à leur union avec ceux qui leur appartiennent essentiellement, ainsi qu'à leur température propre, quelques-unes des propriétés recherchées dans les eaux dont l'efficacité est spécialement rapportée au fer ou au soufre qui y domine, ou à leur thermalité.

CONSIDÉRATIONS GÉNÉRALES SUR LES PROPRIÉTÉS THÉRAPEUTIQUES DES EAUX DE VICHY (1).

I.

Deux méthodes peuvent guider dans l'étude des propriétés thérapeutiques des eaux minérales.

L'une, prenant pour point de départ la nature du médicament et sa composition chimique, en déduit et son mode d'action et les applications qu'il réclame. L'autre consiste à étudier les modifications que ce même agent médicamenteux fait éprouver aux fonctions et aux organes, sains ou malades, des sujets qui en font usage, et à tirer de cette étude les inductions relatives et à la nature de la médication elle-même, et aux indications qui s'y rattachent.

Si ces deux méthodes ne doivent pas s'exclure mutuellement, mais se combiner ensemble pour procéder plus sûrement dans une recherche difficile, cependant il est

---

(1) Ce mémoire a été lu à l'Académie de médecine dans la séance du 7 janvier 1851, et publié dans *l'Union médicale* des 21, 23 et 25 janvier 1851.

certain que l'une ou l'autre peut servir de point de départ aux études nécessaires à la connaissance des eaux minérales. Si la première se présente d'abord avec une apparence d'exactitude et d'explication propre à séduire des esprits peu sévères, ne pouvons-nous pas affirmer sans crainte qu'elle s'appuie sur une science qui n'est point faite encore, malgré tant d'illustres travaux, la chimie organique, et qu'elle évitera difficilement ce travers, de procéder en présence de l'organisme comme vis-à-vis de corps inertes, et de n'apercevoir, dans les phénomènes qui s'y accomplissent, que de simples réactions chimiques?

« Pour établir un système rationnel de chimie organique, dit Liebig, il faut avant tout connaître à fond la *constitution* des corps dont elle s'occupe. Or, nous n'avons pas même de notions précises sur celle des bases et des acides les plus répandus... (1). »

« On a mis le sang, dit encore l'illustre chimiste de Giessen, l'urine et d'autres parties de l'organisme, sain ou malade, en contact avec des alcalis, des acides et toute espèce de réactifs chimiques, et l'on est parti de ces réactions pour faire des inductions sur les phénomènes de l'économie. Quelquefois le hasard a ainsi conduit à une médication utile; mais il est impossible qu'une pathologie rationnelle se fonde sur ces sortes de réactions, car l'économie animale ne peut pas être considérée comme un laboratoire de chimie. »

Ces difficultés qui environnent la méthode *chimique*,

____

(1) Liebig : *Traité de chimie organique*, 1840. t. I, p. IV.

car le mot de *doctrine* ne saurait ici trouver sa place, et qui n'échappent qu'aux hommes peu familiers avec la chimie elle-même, nous ne les rencontrerons plus dans ce que l'on me permettra d'appeler méthode *clinique* ou méthode *physiologique*, celle dont nous devons les modèles à tous les bons observateurs.

Lorsque ceux-ci ont voulu connaître de quelle manière agissaient, sur l'organisme, les modificateurs soit hygiéniques, soit thérapeutiques auxquels a recours, sous quelque forme que ce soit, l'art de guérir, ils ont étudié quels changemens subissaient à leurs yeux les diverses fonctions de l'économie, seule manière d'apprécier avec quelque certitude les modifications éprouvées, et par l'ensemble de l'économie elle-même, et par les différens organes dont ces fonctions sont les manifestations actives. C'est ainsi que j'ai procédé dans l'étude des eaux de Vichy, à laquelle m'a permis de me livrer une pratique de plusieurs années.

Mais avant de faire connaître les principaux résultats de mes recherches, je demande la permission de présenter un exposé succinct des idées sous l'empire desquelles se fait aujourd'hui une partie de la médecine à Vichy, et dont les praticiens, désireux d'étudier de loin l'action thérapeutique de ces eaux, sont obligés de subir l'expression exclusive dans les écrits destinés à les éclairer sur ce sujet. Ce spécimen de la médecine chimique pourra fournir au lecteur le sujet de plus d'une observation utile.

Les eaux de Vichy sont, comme on le sait, essentiellement composées de bicarbonate de soude (environ

5 grammes par litre), plus de l'acide carbonique libre, un certain nombre de substances salines peu solubles, et enfin une certaine quantité de matière organique. Mais si l'on fait attention qu'une fois surtout leur température propre abaissée, l'acide carbonique s'évapore, les sels peu solubles se précipitent, et la matière organique se décompose, on comprendra que, sous l'empire de préoccupations exclusivement chimiques, on en soit venu à considérer l'eau de Vichy à-peu-près comme une simple dissolution de bicarbonate de soude, comme un *médicament essentiellement alcalin.*

II.

En procédant d'après la méthode chimique, on a dû chercher à quels états morbides de l'économie une médication alcaline pouvait être applicable. Afin que l'on soit d'abord édifié sur les premiers résultats fournis par cette méthode, j'emprunterai quelques passages textuels à un ouvrage qui n'est, à peu de choses près, que la reproduction de mémoires publiés, il y a quinze ans, par son auteur (1).

On a rencontré d'abord les maladies avec prédominance d'acides dans l'économie, puis les maladies où l'élément morbide en apparence prédominant se trouve soluble dans les alcalins.

Les maladies acides par excellence sont la gravelle urique et la goutte. Ainsi la goutte, « résultant d'une

____

(1) Petit : *Du mode d'action des eaux minérales de Vichy,* 1830

trop grande proportion d'acide urique, soit que celui-ci dépende d'une alimentation trop abondante et trop animalisée, ou d'une constitution particulière, et à l'élimination insuffisante de cet acide, et par conséquent à son séjour dans le sang (1), » toutes les circonstances de l'histoire de cette maladie, son étiologie montrant dans le régime des goutteux une production surabondante d'acide urique, sa liaison fréquente avec la gravelle urique, « les dépôts goutteux formés autour des articulations par l'acide urique apporté par la circulation, et produisant avec la soude que le sang contient naturellement, ou avec celle contenue dans la synovie, de l'urate de soude, les éructations acides qui précèdent souvent un accès de goutte, l'acidité des urines et des sueurs des goutteux (2), » tout cela ne prouve-t-il pas que l'usage des boissons alcalines est le moyen le plus rationnel à employer pour neutraliser cet acide ?

Mais il est d'autres maladies acides, et sans compter « le cancer, à propos duquel Lorry parle d'une femme qui aimait trop les acides, et qui mourut avec les os extrêmement ramollis, et Astruc d'une autre femme cancéreuse, dont la salive était tellement acide qu'elle mourut avec les dents toutes corrodées (3), sans compter le rachitisme des enfans, duquel Lorry disait encore qu'il était tout acide, ... l'endémicité des maladies chroniques les plus graves dans les prisons, la chlorose, la

---

(1) Petit, *loc. cit.*, p. 10.
(2) Petit, *loc. cit.*, p. 529.
(3) Petit, *loc. cit.*, p. 25.

leucorrhée, les scrofules, la phthisie des jeunes filles élevées dans les établissemens de charité où elles s'étiolent par l'excès des travaux d'aiguille, les maladies tuberculeuses, si communes chez les animaux qui peuplent nos ménageries, ne prouvent-ils pas les inconvéniens du séjour des acides dans nos humeurs, lorsque l'inactivité des fonctions cutanées ne leur permet pas d'être éliminés au dehors (1) ? »

A la suite de cette série de maladies que rapprocherait ce fait commun, la prédominance des acides dans les humeurs de l'économie (goutte, gravelle, cancer, chlorose, phthisie, etc.), se présentent les maladies chroniques constituées par des altérations solubles dans les alcalins : ici nous trouvons les engorgemens variés, dont les tissus membraneux, celluleux ou parenchymateux, etc., peuvent devenir le siége, et qui, « se trouvant composés d'albumine et de fibrine également solubles dans les alcalins, expliquent comment les engorgemens du foie, de la rate, des ovaires, des glandes mésentériques, et bien d'autres tumeurs se dissolvent par les eaux de Vichy (2). »

Ceci rendrait parfaitement compte encore de la guérison des affections chroniques des organes membraneux, tels que l'estomac et l'intestin, parce que dans ces cas, comme dans les précédens, « il y a un épaississement plus ou moins considérable des tissus qui réclame l'ac-

---

(1) Petit, *loc. cit.*, p. 24 et 25.
(2) Petit, *loc. cit.*, p. 47 et 49.

tion fondante de la soude (1). » Et d'ailleurs, le point de départ de ces diverses affections ne serait-il pas lui-même un phénomène d'acidité, « de telle sorte que le sang, dans le cas d'inflammation, perdant son alcalinité, ce serait là la cause qui favoriserait ces coagulations dans les parties enflammées, et par suite ces engorgemens (2). » De telle sorte, enfin, que l'on peut dire que « toute inflammation, toute cause irritante un peu vive et prolongée semblent développer de l'acidité, et que les alcalis eux-mêmes, s'ils produisent cette excitation, peuvent amener le même résultat (3). »

J'ai dû multiplier ces citations, afin de donner au lecteur une idée aussi exacte que possible de la pathogénie et de la thérapeutique que devait engendrer la méthode chimique, méthode qui a présidé jusqu'ici aux seuls travaux dont les eaux de Vichy aient été l'objet.

Aussi, laissant à leur auteur l'entière responsabilité des théories que nous venons d'esquisser, nous contenterons-nous de chercher s'il est vrai que, suivant l'expression de M. Petit, « l'alcalisation de l'économie soit le seul effet constant et le plus important que produise la médication par les eaux de Vichy (4), » et que « l'effet essentiel de ces eaux soit de combattre les prédominances acides et de rendre le sang plus liquide (5). »

---

(1) Petit, *loc. cit.*, p. 63, 64.
(2) Petit, *loc. cit.*, p 50.
(3) Petit, *loc. cit.*, p. 51.
(4) Petit, *loc. cit.*, p. 45.
(5) Petit, *loc. cit.*, p. 29.

III.

Si, maintenant, nous plaçant à un autre point de vue, et faisant abstraction de la composition chimique de l'eau de Vichy, nous nous attachons à l'observation des phénomènes présentés par les malades qui en font usage, voici ce que nous constatons :

L'ensemble des fonctions de l'économie présente une activité toute particulière, et qui se fait sentir surtout vers les organes digestifs et leurs annexes, et vers la peau : augmentation de l'appétit, digestions plus faciles et plus promptes, assimilation plus complète, selles plus régulières (1), urines plus faciles et plus abondantes, augmentation de la transpiration cutanée, amélioration de la nutrition, accroissement des forces, sentiment général de bien-être. Je n'ai pas besoin d'insister sur l'exactitude générale de ce court tableau, car il n'est pas un médecin qui, ayant observé aux eaux minérales, ou seulement ayant suivi des malades traités aux eaux minérales, n'ait constaté cet ensemble de phénomènes. C'est de son interprétation et d'un certain nombre d'observations moins connues que j'essaierai de tirer les déductions qui seront développées dans ce travail.

Quelques mots d'abord sur les conditions générales dans lesquelles se présentent à nous la plupart des ma-

---

(1) Il est vrai qu'on observe quelquefois un peu de constipation, surtout au début du traitement à Vichy ; mais ce n'est en général qu'un phénomène passager, et d'ailleurs beaucoup plus rare qu'on ne l'a dit.

lades qui viennent réclamer les secours de la médecine aux eaux minérales.

Si, pendant le cours des maladies aiguës, nous voyons l'ensemble de l'économie participer, par le trouble général des fonctions dont la manifestation la plus saillante est la fièvre, aux affections les plus locales en apparence, telles qu'un phlegmon, une plaie, une phlegmasie quelconque, la participation de l'ensemble de l'organisme aux maladies chroniques les mieux localisées par l'anatomie pathologique n'est pas un fait moins constant ni moins important à considérer. Seulement, tandis que, dans les maladies aiguës, la fièvre ou la réaction générale de l'organisme se traduit par des phénomènes saillans et qui consistent dans la surexcitation manifeste de l'ensemble des fonctions, le trouble général de l'organisme, dans les maladies chroniques, consiste au contraire dans un état d'amoindrissement des forces et d'affaiblissement des fonctions, qui domine quelquefois l'appareil morbide tout entier.

L'organisme souffre de deux manières dans le cours d'une maladie chronique : d'abord parce que la solidarité qui unit entr'eux tous les organes et toutes les fonctions, fait que la perversion ou l'abolition des fonctions d'un organe ne peut manquer de se faire sentir sur tous les autres. Ecoutez ce que dit sur ce sujet le fondateur de l'anatomie comparée : « .... Dans l'état de vie, les organes ne sont pas seulement rapprochés, mais ils agissent les uns sur les autres et concourent tous ensemble à un but commun. D'après cela, les modifications de l'un d'eux exercent une influence sur celles de tous les autres.... C'est sur cette dépendance mutuelle des fonctions, et ce secours qu'elles se prêtent réciproquement, que sont fondées les lois qui déterminent les rapports de leurs organes, et qui sont d'une nécessité égale à celle des lois métaphysiques et mathématiques : car il est évident que l'harmonie convenable entre les organes qui agissent les uns sur les autres est une condition nécessaire de l'existence (1). »

Ne pourrions-nous pas ajouter encore, si nous ne craignions d'entrer dans ces considérations métaphysiques dont Cuvier invoquait la rigueur, que dès qu'un organe est malade, quelque peu de réaction qu'il provoque dans l'économie, la loi du *balancement des forces*, que les grands naturalistes ont étudiée et dans les espèces et dans les individus, est rompue aux dépens de la santé générale ? « La vie, dit encore Cuvier, ne saurait être élevée à un certain degré dans un organe ou dans un système d'organes, qu'elle ne soit diminuée dans les autres parties. »

Mais rentrons dans le domaine de l'observation clinique.

Que remarque-t-on chez la plupart des malades qui viennent se faire soigner à Vichy, et qui sont atteints de dyspepsie, d'entérite chronique, de dysenterie d'Afrique, d'atonie des voies digestives, d'engorgement du foie, de la rate, etc., et que je prends pour types dans cette discussion ? On trouve un affaiblissement des fonctions digestives, des fonctions de la peau, de la tonicité

____

(1) Cuvier, *Leçons*, an VIII, §. 1, p. 45-60.

générale, de la circulation capillaire, de la nutrition enfin, ces différens phénomènes plus ou moins prononcés suivant les individus, leur maladie spéciale, leur constitution originaire, leur genre de vie, etc. Ceci ne se voit pas et ne se montre pas à la manière d'une réaction chimique : mais je m'adresse à des praticiens, et ce que je dis ici en a pour eux l'exactitude et la rigueur.

Or, n'est-il pas vrai que lorsque, dans le cours d'une dyspepsie ou d'une maladie du foie, ou d'un engorgement de la rate, suite d'une fièvre intermittente, la peau ne transpire plus chez l'un, la digestion se fait incomplètement, la nutrition languit chez d'autres, la maladie est aussi bien dans l'appareil digestif, dans la peau, partout enfin où la nutrition s'est abaissée, que dans le foie de celui-ci, la rate de cet autre, dans l'estomac d'un troisième?

N'est-il pas vrai encore que l'écueil de la thérapeutique des maladies chroniques vient de ce que, tandis que nous nous consumons en vains efforts pour résoudre tel engorgement, pour stimuler telle surface inactive ou tel organe de sécrétion languissant, nous ne pouvons atteindre le reste des organes et des fonctions qui sont devenus acteurs, pour ainsi dire, dans cette scène complexe qui constitue la maladie? Une pareille impuissance ne frappe-t-elle pas le plus souvent nos efforts quand, essayant d'agir par révulsion, nous sommes contraints de concentrer sur un seul point cette action si précieuse, à moins d'user alors d'une énergie telle que le danger le dispute à l'efficacité, comme il est arrivé pour de célèbres médications.

IV.

Mais si maintenant, nous trouvons un agent thérapeutique qui non seulement agisse sur l'organe malade, mais répande en même temps son action sur la généralité des fonctions, spécialement sur celles qui, essentiellement solidaires l'une de l'autre, tiennent sous leur dépendance tout ce qui concourt avec elles à l'exercice de la vie, les fonctions qui s'opèrent sur les grandes surfaces, digestive et cutanée, n'aurons-nous pas entre les mains un moyen précieux de remplir ces indications multiples que présente le traitement des maladies chroniques? « Les eaux minérales, dit M. Patissier, dont nous sommes heureux de pouvoir invoquer l'autorité, agissent principalement sur deux vastes surfaces : sur la muqueuse gastro-intestinale et sur tout l'appareil tégumentaire ; elles excitent ces deux membranes qui, à leur tour, réagissent sur les autres organes liés avec elles par de nombreuses sympathies, activent leurs fonctions et modifient leur vitalité (1). »

En effet, c'est ainsi qu'agissent les eaux de Vichy, c'est ainsi qu'agissent les eaux minérales. Que l'on me permette d'agrandir, en même temps que mon sujet dont l'étendue s'accroît à chaque ligne, le champ de cette étude.

Nous sommes loin, en effet, de la dissolution de l'*al-*

---

(1) Patissier : *Nouvelles recherches sur l'action thérapeutique des eaux minérales,* 1859, p. 11.

bumine des maladies chroniques dans le bicarbonate de soude. Invoquant les vrais principes de la médecine, c'est-à-dire les grands faits de la vie, nous avons pris pour point de départ de notre étude, l'organisme que nous sommes appelés à modifier, l'organisme tel que la maladie d'un organe, le trouble d'une fonction, et la solidarité de tous les organes et de toutes les fonctions viennent l'apporter à notre observation.

Nous avons rappelé tout-à-l'heure en quelques mots les phénomènes généraux d'excitation de l'économie que l'on observe chez les malades soumis aux eaux de Vichy, phénomènes parfaitement résumés par un médecin militaire, M. Finot, auteur d'un mémoire intéressant sur les eaux de Vichy, où il dit : qu'elles constituent une médication puissante, se traduisant à l'intérieur par l'augmentation d'action et la modification humorale de tous les sécréteurs, et extérieurement, par des crises ou réactions vitales très-marquées (1). Eh bien, quelle marche suivent ces différens phénomènes ?

Est-ce l'organe malade, le foie, la rate, que nous verrons revenir d'abord à son état normal? Nullement. Ce sont ordinairement les fonctions générales de l'économie, les plus éloignées de l'organe malade, sur lesquelles nous verrons se manifester d'abord les effets de la médication : la digestion, la transpiration cutanée, la nutrition, la tonicité générale, tout cela s'améliore

---

(1) Finot : *Observations sur l'action thérapeutique des eaux de Vichy,* 1850, p. 27 ; extrait des mémoires de médecine, chirurgie et pharmacie militaires.

d'abord; l'organe malade ensuite, et le plus souvent hors de nos yeux, après le traitement terminé, et quelquefois au bout d'un temps très-éloigné, et quelquefois jamais; et cependant la santé générale, sous l'empire de cette excitation artificielle, aura reparu à tel ou tel degré. J'extrais de notes inédites qu'a bien voulu me communiquer M. Prunelle : « Il est à remarquer que dans le cas d'engorgement du foie ou des autres organes, on ne voit l'engorgement lui-même se dissiper qu'après le retour des forces. »

On devra donc accepter d'abord comme la règle ces deux faits importans : l'ordre suivant lequel la santé se rétablit, en premier lieu retour ou amélioration des fonctions générales, ensuite retour de l'organe essentiellement malade; second fait : phénomènes de guérison beaucoup plus prononcés après que pendant la cure.

Est-ce là la manière d'agir d'un neutralisant chimique ou d'un dissolvant? D'après la médecine chimique, nous devrions voir d'abord l'organe malade engorgé perdre sa fibrine et son albumine, et la santé renaître ensuite, si elle pouvait. Mais c'est le contraire qui arrive.

J'ai observé soigneusement et suivi plusieurs années les malades de l'hôpital de Vichy. (Tout le monde comprend pourquoi, à propos d'eaux minérales, je vais prendre des exemples à l'hôpital.) J'ai vu un certain nombre d'entr'eux revenir après une cure, à Vichy, l'année suivante, rapportant l'un sa rate, l'autre son foie aussi gros qu'auparavant, celui-ci des vomissemens aussi fréquens, celui-là un pyrosis aussi douloureux. Mais savez-vous ce que je constatais? Leurs digestions se faisaient mieux, leur peau sécrétait davantage, et surtout leurs forces avaient reparu. Les uns, après plusieurs années d'inaction et de langueur, avaient pu travailler, les autres n'avaient pas discontinué leurs travaux, au lieu de leur faire subir de continuelles interruptions, etc., et tous accusaient, par un terme vague, mais qui exprimait un fait précis, le retour de la force et du bien-être.

Un autre fait emprunté à l'expérience de M. Prunelle. Il y a quelques années, les engorgemens de la rate, si nombreux à Vichy dans la population indigente qui s'y presse, ne présentaient presque jamais de diminution sensible, mais les digestions des malades et leur santé se rétablissaient. On les abreuvait de bicarbonate de soude, et leur rate ne se dissolvait pas. Depuis qu'une source ferrugineuse (source Lardy) a été ajoutée à celles que possédait Vichy, on obtient des résultats beaucoup plus satisfaisans quant au retour de la rate vers son volume normal (1). J'ai assisté moi-même à ce dernier ordre de faits.

V.

Mais ce n'est pas tout.

On ne saurait considérer sans un peu d'étonnement la liste des maladies différentes qui viennent chercher à

---

(1) Il ne faut guère compter sur la résolution complète d'engorgemens anciens et volumineux de la rate : on ne voit disparaître en général que les engorgemens peu considérables et durant tout au plus depuis un petit nombre d'années. Mais on obtient quelquefois, pour les premiers, un certain degré de diminution.

Vichy un remède semblable : goutte, gravelle, engorgemens du foie, de la rate, catarrhes vésicaux, dyspepsie, gastralgie, entérite chronique, engorgemens
utérins, etc. C'est l'empirisme qui a amené là d'abord
ces maladies. Il en a amené bien d'autres dont je vous
épargnerai la nomenclature. On observe, dans toutes
les eaux, ce qu'on peut appeler des maladies d'indication, celles que je viens de signaler par exemple à Vichy, et qu'y adressent les médecins; et puis, il y a ce
que j'appellerai les malades de circonstance : ce sont les
malades du pays, des localités voisines, ceux que le
hasard, le caprice, l'imitation conduisent là. Comment
s'y prendra le spécifique chimique vis-à-vis tant d'individualités pathologiques diverses? Aux goutteux et aux
graveleux, ira-t-il saturer l'excès d'acide urique? Aux
malades du foie et de la rate, dissoudra-t-il les engorgemens albumineux et fibrineux ? Mais les autres ? Peut-
être vous dira-t-on encore que les dyspeptiques et les
gastralgiques ont aussi dans l'estomac et dans l'intestin
des engorgemens membraneux à dissoudre (1); que les
gens atoniques, débiles, lymphatiques, plus ou moins
chlorotiques ou scrofuleux, ont pareillement des acides
à neutraliser (2). Mais vous ne le croirez pas, ou au
moins vous demanderez qu'on vous montre ces engorgemens qu'on dissout, ces acides qu'on neutralise.

Et cependant, le plus grand nombre de ces malades
seront soulagés à ces eaux : je parle, encore une fois,

----

(1) Petit, *loc. cit.*, p. 47 et 49.
(2) Petit, *loc. cit.*, p. 24 et 25.

et des pauvres et des gens qui ne vont pas aux eaux pour s'amuser. J'ai dit *soulagés*, et non guéris, veuillez bien le remarquer ; car si les eaux minérales soulagent très-généralement, elles guérissent très-lentement, et pour mieux dire, elles préparent en général à la guérison plutôt qu'elles ne guérissent elles-mêmes.

Il faut donc supposer, chez tous ces malades divers, quelque condition commune qui s'accommode à un agent thérapeutique toujours semblable, que l'on peut, il est vrai, manier de bien des manières différentes, mais enfin qui n'est toujours que du bicarbonate de soude, plus ou moins accompagné.

Or, cette condition commune, ne la trouvons-nous pas dans cet état, dont nous avons parlé tout-à-l'heure, commun aux individus atteints d'affections chroniques quelconques, et chez qui la double indication se fait toujours sentir : soit de remonter au ton physiologique des fonctions insuffisantes ou languissantes, soit de surexciter les fonctions demeurées normales, afin de fournir à l'organisme le moyen de réagir sur l'organe malade, et de faire ainsi disparaître la maladie?

VI.

Mais ce n'est pas tout encore.

Nous venons de voir des maladies fort diverses, traitées avec succès par le même agent médicamenteux ; nous allons voir maintenant les agens les plus variés appliqués avec le même succès à des maladies semblables.

Parcourez, dans l'ouvrage de M. Patissier, la nomenclature des eaux minérales et des maladies qu'on y guérit ; prenez les eaux sulfureuses, acidules, salines, ferrugineuses, et presqu'à chaque page vous retrouverez la dyspepsie, les pâles couleurs, les engorgemens abdominaux, le rhumatisme, la leucorrhée, la gravelle, la goutte : ainsi, maladies acides, engorgemens albumineux, tout cela s'accommoderait indifféremment aux eaux sulfureuses des Pyrénées, ou aux eaux ferrugineuses de l'Alsace, comme aux eaux alcalines du Bourbonnais.

Assurément je ne veux pas dire que tous les documens auxquels ces relevés sont empruntés soient également dignes de foi. Médecin d'eau minérale moi-même, je sais et je dis avec quelle réserve il faut accueillir toutes ces guérisons. Cependant, prise d'une manière générale, cette aptitude d'eaux minérales de composition chimique différente à s'accomoder à des états pathologiques semblables, n'en doit pas moins être considérée comme un fait incontestable. On trouvera, entre mille exemples, dans un mémoire de M. Rilliet (de Genève) (1), et dans celui plus récent de M. Finot, l'indication de plusieurs eaux salines ou sulfureuses, Aix-la-Chapelle, Neundorf, Néris, Wiesbaden, etc., où l'on ne guérit pas la goutte, mais où on la traite avec autant de succès qu'aux eaux alcalines de Vichy.

Mais j'invoquerai surtout l'autorité d'un nom illustre dans la médecine des eaux minérales. Savez-vous quelles

---

(1) Rilliet : *Traitement de la goutte par les eaux de Vichy*, dans *Archives générales de médecine*, 1844.

maladies Bordeu traitait aux Eaux Bonnes, en même temps que les ulcères et les blessures qui avaient fixé ses premières études, et plus tard les affections de poitrine? Tumeurs du foie, de la rate, maladies de matrice, douleurs néphrétiques, urines purulentes, ictère, goutte, diarrhée, tumeurs du mésentère, digestions extrêmement difficiles, ce qu'on a appelé depuis *gastrite chronique*, aujourd'hui *dyspepsie* ou *gastralgie*. « Pour ces incommodités, dit-il (les digestions extrêmement difficiles), il n'en est pas où les baigneurs mêmes ne fassent plus de cures, j'ose le dire, que les plus grands maîtres qui n'emploient pas les eaux (1). »

Ce langage que l'on ne passerait peut-être pas à tout le monde, on le respectera dans la bouche de Bordeu, Bordeu qui s'arrête à chaque instant pour faire remarquer qu'à Bonnes, pas plus qu'ailleurs, on ne guérit pas tous les malades. « On nous fera sans doute la grâce, dit-il, de penser que nous ne donnons pas nos eaux pour un spécifique dans toutes sortes de maux; elles manquent bien des maladies de toutes les espèces.... (2). » Et ce n'était pas au début de sa carrière que Bordeu écrivait les vertus des Eaux Bonnes, c'était après trente ans de pratique.

Eh bien, la clinique que Bordeu faisait, il y a cent ans, aux Eaux Bonnes, n'est-ce pas celle que nous faisons aujourd'hui à Vichy?

---

(1) Ant. Bordeu : *Lettre sur les propriétés thérapeutiques des Eaux Bonnes*, p. 24.

(2) Ant. Bordeu, *loc. cit.*, p. 19.

Je pourrais montrer encore ce grand praticien, à ses essais dans le traitement des ulcères et des plaies, le seul auquel on osât encore appliquer les Eaux Bonnes, comprenant l'importance d'un traitement interne, pour l'emploi duquel il lui fallut lutter contre les habitudes et les préjugés des malades. « Mais c'est que dans certains ulcères, dit-il, il est souvent moins essentiel de songer à la partie affectée qu'aux autres sécrétoires qui sont oisifs ; aussi n'est-il pas étonnant de voir des récidives et des suites fâcheuses, quand on ne s'attache qu'à des remèdes locaux qui n'opèrent pas sur toute la machine (1).» Remplacez ce mot *ulcères* par celui d'engorgemens du foie ou de la rate, écoutez encore le passage suivant : « Ce remède, pris intérieurement, travaille peu à peu, agit sur les humeurs, heurte à toutes les portes, dégage tous les sécrétoires (2), » et vous trouverez dans ces quelques lignes toute la théorie des eaux minérales.

En effet, si j'osais conclure de ce simple aperçu, ne pourrai-je pas dire ? Toutes les eaux minérales agissent d'une manière identique : sulfureuses, acidules, salines, ferrugineuses, c'est toujours par l'*excitation* des fonctions générales de l'économie qu'elles agissent sur les conditions morbides générales ou locales auxquelles on les oppose ; cette excitation que signalent tous les observateurs, ce mot dont tous se servent ; cette excitation sur laquelle tous ceux qui réfléchissent ont basé les in-

----

(1) Bordeu, *loc. cit.*, p. 7.
(2) Bordeu, *loc. cit.*, p. 13.

dications et les contre-indications de leur emploi, cette faculté qui fait que « heurtant à toutes les portes et dégageant toutes les sécrétoires, » et agissant ainsi sur toute l'économie, elles gagnent en étendue d'action ce qu'elles ne possèdent pas en énergie spéciale, de sorte que, sans être en général précisément purgatives, ou diaphorétiques, ou diurétiques, elles empruntent à chacun de ces agens de la thérapeutique ordinaire quelque chose de son action, sans en garder les dangers et les inconvéniens.

VII.

Est-ce à dire pour cela que le choix d'une eau minérale soit indifférent? Non, sans doute. Vichy renferme sept sources minérales, davantage si l'on compte celles d'Hauterive et de Cusset, qui en sont si voisines. Eh bien, chacune de ces sources fournit à des emplois divers et pour lesquels, dans la majorité des cas, elles ne peuvent se remplacer mutuellement. Toutes cependant contiennent une proportion sensiblement égale d'acide carbonique et de bicarbonate de soude, c'est-à-dire de dissolvant. C'est le même agent chimique : pourquoi donc ces différences dans la pratique?

Souvent nous n'en savons rien du tout. Il y a, dans le choix des sources minérales, des conditions indépendantes de toute donnée chimique connue, mais uniquement appréciées par l'empirisme, l'expérience, quelquefois le tâtonnement. M. Lucas, ancien inspecteur des eaux de Vichy, s'était exprimé à ce sujet de la façon la plus explicite (1). Maintenant il y a des différences dont nous pouvons nous rendre compte. Ainsi, certaines sources à Vichy renferment un peu de soufre, d'autres du fer, en proportion notable. Nous savons alors à quel usage spécial les adresser.

Du soufre, du fer : ne trouvons-nous pas ici, sur un étroit espace, une image de toute l'hydrologie médicale?

En effet, qu'est-ce que les eaux minérales? Une médication excitante, qui, pénétrant par toute l'économie, se mettant en rapport avec tout l'organisme, ranime les fonctions languissantes, surexcite les fonctions physiologiques, tantôt agent de révulsion, tantôt rappelant l'équilibre, *le balancement des forces*, entre les fonctions troublées (2). Or, à cette action commune, que nous l'envisagions sous la forme identique de bicarbonate de soude à Vichy, ou sous la forme variée de dissolutions salines dans toutes les eaux minérales, avec une certaine température, avec une certaine organisation, que l'on me permette ce mot, à cette action

---

(1) « Les sept sources de Vichy, disait M. Lucas, présentent, dans leur emploi médical, des différences bien plus importantes qu'on ne pourrait le croire, d'après leur analyse chimique, et bien qu'il soit difficile d'établir *à priori* la raison de cette différence, des observations nombreuses, renouvelées depuis 25 ans, ne me laissent aucun doute à cet égard. » (*Notice médicale sur les eaux de Vichy;* dans Longchamp, *Analyse des eaux de Vichy,* 1825.)

(2) Une médication, enfin, « appartenant à cette médecine naturelle dont parle un célèbre chirurgien, M. Bonnet, de Lyon, qui agit sur les organes en activant leurs fonctions. » (*De l'exercice des fonctions, considéré dans les rapports avec l'hygiène et la thérapeutique;* Gazette médicale de Lyon, des 51 août et 15 septembre 1850.)

commune vient s'ajouter, tantôt celle du fer, tantôt celle du soufre, l'un modificateur spécial du sang, l'autre de certaines muqueuses. Puis, dans ces groupes divers, mais se rapprochant par une action commune, action qui n'est autre que celle des grands modificateurs connus de l'économie, des agens hygiéniques puissans, qui est celle des bains de mer, de l'hydrothérapie, de la gymnastique, de la vie active succédant à la vie sédentaire, de l'air des montagnes remplaçant l'air enfermé des villes ; dans ces groupes divers, vous choisirez selon ce que l'expérience vous aura appris.

Quand nous voulons exercer une révulsion sur le canal intestinal, nous recourons à une classe de médicamens, les purgatifs : mais nous avons à choisir depuis le laxatif doux jusqu'au drastique énergique ; nous choisissons entre les purgatifs salins, huileux, etc. : ainsi ferez-vous pour le choix d'une eau minérale (1).

Maintenant, est-ce à dire que ces produits chimiques que vous introduisez ainsi dans l'économie n'y exercent

---

(1) On remarquera en effet que cette action élective de chaque médicament pour tel appareil organique, ou pour tel mode fonctionnel, ou pour tel état pathologiquo, action le plus souvent inexplicable, est la base de toute la thérapeutique ; que dis-je? l'action de chaque médicament. C'est l'action de chacun de ses modes de préparation que je devrais dire. Si vous employez un narcotique, ce ne sera indifféremment ni la morphine, ni l'extrait d'opium, ni le laudanum ; si c'est un autre modificateur du système nerveux, vous choisirez avec soin parmi l'éther, le castoreum, les plantes aromatiques, etc. Vous ne vous étonnerez donc pas que, douées d'une action thérapeutique commune, les eaux minérales nous présentent tant d'applications diverses.

aucune action chimique spéciale et appréciable? A Dieu ne plaise que je soutienne cela? Certainement lorsque M. Petit, sur les travaux de qui l'importance qu'ils ont acquise nous fait un devoir d'insister, lorsque M. Petit s'est fait le représentant, à Vichy, de la chimie, non de la chimie *organique*, mais de la chimie *minérale*, il a pris un côté de la question qui a son utilité. Il est bon de rechercher les conditions où l'action du bicarbonate de soude, pris comme alcalin, peut être utile, mais il ne faut pas s'en tenir là. Mais il ne faut pas surtout, reléguant au dernier rang les autres propriétés des eaux, dire que l'*alcalisation en est le seul phénomène constant*. Il ne faut pas chercher à tout expliquer dans « cette chimie qui, suivant l'expression de M. Magendie, en dehors de la chimie connue, produit des phénomènes soumis à des lois inconnues encore (1). »

VIII.

Encore un mot sur l'*alcalisation*, l'alcalisation, ce rêve de quelques-uns des médecins qui pratiquent à Vichy, et dont on a fait le rêve de la plupart des malades, que chacun, armé d'un petit papier rouge ou bleu, guette incessamment dans ses urines, dans sa sueur ; dont le fantôme poursuivant et les uns et les autres, et malades et médecins, a fait bannir du régime de Vichy, et le vin et le lait, et la moindre goutte de vinaigre dans la préparation des mets, et les fruits surtout, sans faire

---

(1) Magendie : *Leçons inédites faites au collége de France,* 1850.

attention que la plupart des acides organiques que ceux-
ci contiennent se convertissent dans l'économie en carbonates alcalins.

Cette alcalisation, que vous considérez comme un
idéal en fait de thérapeutique thermale, ne serait-elle
pas précisément un des inconvéniens de cette médication? Sans doute, de nouvelles études peuvent être nécessaires sur ce sujet. Mais lorsque, sous prétexte de
débarrasser l'économie de quelques acides de trop, vous
allez l'imprégner d'alcalis, alcaliser les tissus, les secré-
tions normalement acides, concentrer l'alcalinité légère
du sang, fluidifier indéfiniment celui-ci, sera-ce toujours impunément que vous aurez substitué cette condition chimique nouvelle à celles qui appartiennent à l'état
normal de l'économie? « L'action essentielle de ces
eaux, a-t-on dit, est de rendre le sang plus liquide (1). »
Quoi, c'est dans ces cachexies profondes que vous trai-
tez à Vichy en si grand nombre, chez ces dyspeptiques,
ces fiévreux!, ces chlorotiques, ces anémiques de toutes
sortes, que vous chercherez à rendre le sang plus liquide !
Mais, ou votre théorie est fausse, ou votre thérapeutique
est plus qu'irrationnelle.

Grâce à ces théories, il est établi à Vichy, parmi les
malades comme parmi les médecins, que les premiers
ne sauraient guérir, de quelque maladie que ce soit, si
leur urine ne s'est bien alcalisée; et comme il en est
dont l'urine ne revêt que difficilement ce caractère,

(1) Petit, *loc. cit.*, p. 29.

ceux-ci augmentent indéfiniment la dose d'eau minérale ;
et que leur arrive-t-il alors? Ce que vous prévoyez : la
stimulation devient excessive, la fièvre s'allume, des
inflammations se développent, souvent encore les accidens qu'ils étaient venus combattre s'aggravent. Et si des
accidens plus fréquens ne s'observent pas, c'est que,
par une circonstance heureuse, souvent, avant que la
saturation n'arrive, la *satiété* survient, le dégoût appa-
raît, et les malades s'arrêtent d'eux-mêmes, à moins
que leur désir de s'alcaliser ne l'emporte sur l'intérêt de
leur santé (1).

On s'étonnera peut-être de n'avoir pas encore rencontré, dans cette étude, le nom d'un médecin dont la
science et le caractère honorent à un haut degré la médecine à Vichy. Mais on sait que M. Prunelle n'a rien
écrit. Dans quelques lignes seulement adressées à l'Académie de Médecine, il y a plusieurs années, le savant
inspecteur de Vichy exprimait : « que les propriétés
fondamentales de ces eaux paraissent être d'accroître
l'innervation dans tous les organes placés au-dessous du
diaphragme.... (2) ; que les eaux de Vichy exercent une
action spéciale sur le nerf grand sympathique, par l'entremise de la muqueuse gastro-intestinale ; que c'est à

---

(1) M. Trousseau décrit de son côté les phénomènes cachectiques
qui peuvent résulter de l'abus des alcalins, conséquences pressenties
au moins par Cullen. (Trousseau et Pidoux : *Traité de Matière médicale et de Thérapeutique*, t. 1, p. 556, 3e éd. 1847.)

(2) Prunelle : *Bulletin de l'Académie de Médecine*, séance du
7 mai 1859.

proprement parler une action révulsive, mais douée d'un caractère spécifique.... (1). »

Sans s'attacher exclusivement à cette spécialité d'action des eaux de Vichy sur le grand sympathique, il faut voir, dans une telle proposition, l'expression d'un fait constant : l'action particulière exercée par les eaux de Vichy dans les maladies des organes abdominaux, et cette action semblant s'étendre partout où se répand le système du grand sympathique. J'ajouterai seulement, moi à qui M. Prunelle a libéralement ouvert les documens nombreux qu'il a rassemblés, et tous les détails de sa pratique, j'ajouterai seulement : que c'est sous les auspices du digne inspecteur de Vichy, comme sous ceux du célèbre médecin des Eaux Bonnes, dont il nous représente encore et l'école et l'esprit, que je suis venu exposer les idées qui m'ont inspiré ce travail.

IX.

Ce n'est pas dans des vues purement spéculatives que j'ai développé les principes suivant lesquels doivent être envisagées les propriétés thérapeutiques des eaux de Vichy, et que j'ai rapproché les deux méthodes qui peuvent présider à cette étude.

En effet, nous allons voir comment, sous le rapport du diagnostic, du pronostic et du traitement, c'est-à-dire : du choix des indications, de l'idée qu'on peut se faire des guérisons à obtenir, et enfin du mode d'admi-

---

(1) Prunelle : *Notes inédites.*

nistration des eaux, comment l'adoption de l'un ou de l'autre des deux ordres d'idées que je viens d'exposer, doit exercer une influence nécessaire sur la conduite du praticien. Les conséquences de ce qui précède sont même tellement claires, que je n'aurai qu'à les formuler en peu de mots.

Pour la médecine chimique, en effet, les indications qui réclament les eaux de Vichy sont uniquement basées sur la nature chimique des maladies. Trouver des maladies acides et des altérations solubles dans le bicarbonate de soude, telle sera l'unique préoccupation du médecin chimiste.

Si l'on a bien voulu suivre, d'un autre côté, les considérations que j'ai développées dans ce travail, on a compris que l'indication des eaux de Vichy, ou plutôt des eaux minérales, existait peut-être moins encore dans la nature d'une maladie spéciale, que dans les conditions générales de l'organisme de celui qui la porte. Partout où vous reconnaîtrez ce défaut d'équilibre dans les fonctions, de balancement des forces (Geoffroy-Saint-Hilaire), auquel paraît remédier spécialement une telle médication, vous en déduirez son utilité.

Vous comprenez cependant que ceci n'empêche nullement de saisir les indications chimiques que vous croirez rencontrer de côté et d'autre. Ainsi, si vous pensez que pour détruire les acidités de l'estomac, la gravelle urique, la goutte et les dépôts d'urate de soude, il vous faille des alcalins, rien de mieux. Seulement, vous pourriez bien négliger, dans un tel ordre d'idées, la cause de la maladie pour n'en envisager que l'effet. Pour emprunter son langage à la médecine chimique, je vois bien que ces maladies produisent des résultats acides, mais êtes-vous bien certain que leur cause prochaine soit acide ? Passe encore pour les pierres de la vessie : ce serait bien là de la médecine chimique, si l'eau de Vichy les dissolvait.

D'après les théories chimiques, l'eau de Vichy devrait parfaitement et directement guérir les maladies pour lesquelles son usage est indiqué. Neutralisation d'acides, dissolution d'engorgemens, voilà des phénomènes qui supposent la rigueur et la certitude d'expériences chimiques, et qui devraient en avoir le succès. Les effets en devraient être aussi directs qu'assurés, et la dissolution du foie ou de la rate engorgée, ou de l'estomac épaissi, devrait précéder tout autre indice du retour à la santé.

L'observation clinique nous montre que les choses se passent différemment, et nous invite à des prétentions plus modestes. Ce qui précède nous dispense d'insister sur le mécanisme, si cette expression peut convenir à des phénomènes où la vie joue le plus grand rôle, suivant lequel se succèdent et se combinent la série d'actions et de réactions qui s'opèrent sous l'influence d'un traitement par les eaux minérales. Nous avons montré que les eaux minérales n'ont qu'une action curative indirecte, incomplète, qu'elles disposent les organes à la guérison plutôt qu'elles ne les guérissent elles-mêmes, et qu'ainsi elles sont loin de dispenser des médications indiquées d'ailleurs. On a compris également pourquoi les résultats consécutifs des eaux sont beaucoup plus marqués et plus importans que ceux obtenus pendant la durée du traitement, fait qu'ont mis hors de doute toutes les observations recueillies aux eaux minérales.

J'aborde enfin, pour terminer, la question de l'administration des eaux elles-mêmes, et de la manière de s'en servir.

Suivant la médecine chimique, l'unique objet à poursuivre, dans l'administration des eaux de Vichy, est la pénétration dans l'économie du réactif chimique ou du dissolvant dont on croit avoir besoin. C'est ce qui ressort évidemment et de la pratique et des préceptes qu'a dirigés ou inspirés un tel ordre d'idées.

Si, au contraire, vous avez pour objet de relever la tonicité de l'organisme en général et de certains organes en particulier, si vous considérez la peau non pas seulement comme un agent d'absorption, comme un moyen de perméabilité, mais surtout comme un organe dont les fonctions sont les plus importantes à relever, et à cause de sa vaste surface et à cause de la solidarité qui unit son intégrité à celle des autres fonctions, et en particulier des fonctions digestives; si vous la considérez encore comme une surface de révulsion, sur laquelle vous pourrez essayer de développer une suractivité passagère, alors vous comprendrez tout le parti que l'on peut tirer des moyens nombreux que possèdent les établissemens thermaux. Je ne parle pas seulement ici du choix que l'on peut faire entre des sources différentes, des combinaisons que leur usage simultané peut fournir; mais les bains, les bains prolongés, de baignoire, de piscine, leur température élevée dans certains thermes, les bains de vapeur naturels ou artificiels, les douches extérieures, les douches ascendantes si précieuses, non comme évacuant, mais pour exciter ou tonifier tout le tube intestinal, pour réveiller également les organes génito-urinaires, soit directement, soit à distance, vous trouverez dans cet ensemble de moyens, des ressources suffisantes pour adapter votre traitement à chacune des indications qui se présenteront à vous.

Enfin, Messieurs, quel guide vous fourniront les théories chimiques dans l'administration des eaux? La saturation! Mais à quoi la reconnaîtrez-vous? Je sais bien qu'on a supposé que le degré d'alcalisation de l'urine indiquait le degré auquel était parvenue l'alcalisation de l'économie. Mais j'ai démontré, par des expériences déjà communiquées à l'Académie (1), qu'il n'en était pas ainsi. Et comment en serait-il ainsi, puisqu'au bout d'une demi-heure, dans un premier bain, l'urine peut se montrer alcaline, et qu'après un long traitement il suffit d'une digestion, d'une diarrhée passagère, de rien d'appréciable, pour que l'urine reprenne son acidité, puisque des malades guérissent, même de gravelles uriques, tout en gardant leurs urines acides, etc. ?

Mais le médecin qui croit à l'action de cette médication sur la vitalité de nos organes, qui croit à ses propriétés excitantes, toniques, révulsives, s'attachera à la surveiller, cette médication, à la diriger suivant les con-

---

(1) Durand-Fardel : *Des réactions acides et alcalines de l'urine des malades soumis au traitement par les eaux de Vichy.* (Gazette médicale de Lyon, 1849, et Revue médicale, mai et juin, 1849.)

ditions où se trouve le malade, les indications de détail
qu'il présente, le côté par où il pêche, celui-ci par l'a-
tonie des premières voies de la digestion, cet autre par
la paresse des intestins, un autre par l'anéantissement
des fonctions de la peau, par l'affaiblissement de la circulation capillaire, un autre par le sommeil des organes
génitaux, etc.; il se guidera, à mesure, par les premiers effets qu'il aura obtenus, par l'impressionnabilité
du malade, ou de tel de ses appareils, au traitement, ou
à tel ou tel de ses modes d'administration.

Telles sont les vues qui nous paraissent devoir présider à l'administration des eaux de Vichy en particulier,
et des eaux minérales en général.

DEUXIÈME PARTIE.

ÉTUDES CLINIQUES SUR LES EAUX DE VICHY.

La plupart des eaux minérales constituent une vaste clinique où s'étalent, aux yeux de l'observateur, les maladies les plus difficiles à étudier et peut-être les plus intéressantes au point de vue de la physiologie pathologique, les *maladies chroniques*.

Tous les praticiens savent combien la connaissance de ces maladies est imparfaite encore : presque bannies des hôpitaux où l'on ne fait guère que constater l'impuissance de l'art à les guérir, elles échappent même souvent à l'observation, dans la pratique civile, par la répugnance des malades ou la difficulté qu'ils éprouvent à se soumettre aux traitemens longs et incertains qu'elles nécessitent, et par leur compatibilité fréquente avec les habitudes de la vie du monde, ou les exigences de la vie laborieuse.

Mais dans les établissemens thermaux où l'on voit se

rassembler, dans un étroit espace, tant de malades appartenant aux conditions les plus diverses de la société, ces mêmes individualités morbides que nous voyons tout-à-l'heure échapper à l'étude et presque se refuser à l'observation, viennent s'offrir au médecin sous les aspects les plus nombreux et les plus variés.

La dyspepsie, dans cette clinique si intéressante où nous puisons chaque année de précieuses observations, devait d'abord fixer notre attention, pour plusieurs raisons : c'est la maladie que l'on observe le plus communément à Vichy, et à l'hôpital, et parmi les classes aisées de la société ; son histoire appartient à un des points encore les plus confus de la pathologie ; enfin, nous croyons que du traitement de la dyspepsie à Vichy peuvent être tirées des déductions très-importantes, touchant l'action thérapeutique de ces eaux minérales.

DE LA DYSPEPSIE (1).

Parmi les malades que rassemble chaque année la clinique de l'établissement thermal de Vichy, il en est un grand nombre qui se plaignent de digestions lentes, pénibles, douloureuses, et chez qui les différens phénomènes que l'on peut observer, et en particulier un état général de langueur et de faiblesse plus ou moins pro-

---

(1) *Voyez* Durand-Fardel, article *Dyspepsie*, du *Supplément* au *Dictionnaire des Dictionnaires de Médecine*, 1851, p. 252.

noncé, se rattachent manifestement à la difficulté des digestions.

Ces malades eussent été considérés, il y a quelques années, comme atteints de gastrite chronique : on les traite aujourd'hui de gastralgiques. La suite de ce travail prouvera qu'il ne s'agit pas plus ici de gastralgies que de gastrites chroniques.

Mais si, remontant à l'époque des nosologistes, nous ouvrons Cullen, nous y trouvons : « Le défaut d'appétit, le dégoût, le vomissement qui survient quelquefois, les distensions subites et passagères de l'estomac, les rapports de différens genres, une châleur brûlante vers le cœur, des douleurs dans la région de l'estomac, et la constipation, sont des symptômes qui se rencontrent fréquemment chez la même personne, et que l'on peut, en conséquence, présumer descendre d'une seule et même cause prochaine. C'est pourquoi l'on peut les considérer sous ces deux points de vue comme une seule et même maladie, à laquelle nous avons donné le nom de *dyspepsie* (1). »

Telle est aussi la maladie que nous avons observée et que nous allons essayer de décrire.

Le mot de *dyspepsie* tend évidemment aujourd'hui à disparaître du langage médical. M. Barras avait fait de la dyspepsie, qu'il comprenait sous le nom générique de gastralgie, le premier degré de plusieurs névroses gastro-intestinales, et s'en servait pour désigner *l'exalta-*

---

(1) Cullen : *Elémens de médecine pratique,* traduits par Bosquillon, 1819.

tion de la sensibilité sans douleur des organes digestifs (1). Cette définition a été généralement reproduite.
Ainsi, M. Grisolle, réservant aux névroses douloureuses
de l'estomac le nom de *gastralgie,* donne celui de *dyspepsie* aux névroses caractérisées par la lenteur et la
difficulté de la digestion (2). Pour M. Andral, la dyspepsie, qui est un des symptômes des lésions gastro-intestinales, peut être essentielle et constituer une névrose
dont les symptômes consistent dans de mauvaises digestions (3). La dyspepsie nerveuse dont parle M. Dalmas,
dans le Dictionnaire de Médecine (4), n'est pas autre
chose que la névrose sans douleur de MM. Barras, Andral, Grisolle, etc. M. Chomel est presque le seul des
auteurs contemporains qui distingue la dyspepsie de la
gastralgie. Il faut bien se garder, dit-il, de confondre
les troubles digestifs propres à la dyspepsie, avec la gastralgie si bien décrite par M. Barras.... (5).

Le mot de *dyspepsie* n'est pas ou est à peine prononcé
dans trois ouvrages récens qui, sous des formes diverses,
peuvent être considérés comme des résumés complets
de la science contemporaine : Le *Guide du Médecin praticien* (Valleix, 1845); le *Manuel de Pathol. et Thérap.
méd.* de M. A. Tardieu (1848), et la *Bibliothèque du
Médecin prat.* (1850). Les auteurs du *Compendium de*

---

(1) Barras : *Traité sur les gastralgies et les entéralgies,* 1829.

(2) Grisolle : *Traité élémentaire de pathologie interne,* 1850,
t. II, p. 750.

(3) Andral : *Cours de pathologie interne,* 1848, t. I, pag. 202.

(4) *Dictionnaire de Médecine,* en 30 vol., 1835, t. XII, p. 579.

(5) *Union médicale* des 7 et 9 mars 1850.

Méd. prat. s'excusent, en quelque sorte, de consacrer un article à la dyspepsie, et ne le font que par une sorte de condescendance pour la place que ce mot a tenue chez les nosologistes (1).

Ce court tableau historique est suffisant pour donner une idée de ce qu'on a fait de la dyspepsie, et ce que nous trouvons à ce sujet dans les auteurs contemporains est effectivement conforme à l'esprit de la pathologie moderne, qui tend à rassembler, sous la même dénomination, celle de névrose, toutes les affections que l'anatomie pathologique n'a pas éclairées, soit que l'examen des cadavres reste muet, soit que les occasions de les interroger nous manquent.

Avant d'exposer ici les résultats thérapeutiques que nous avons observés à Vichy, sur le groupe de malades auxquels nous faisons allusion, nous essaierons de démontrer : 1° qu'il est une maladie de l'estomac, c'est-à-dire un ensemble de symptômes et de troubles fonctionnels provenant de cet organe, qui mérite le nom de dyspepsie; 2° que cette maladie doit être distinguée de la gastralgie dont les caractères sont, pour la plupart, opposés aux siens; 3° que le nom de névrose ne donne qu'une idée inexacte de sa nature.

Nous entendons par dyspepsie une affection, non fébrile, continue, souvent liée à un état général de l'économie, et caractérisée par une diminution ou un affaiblissement des facultés digestives. Nous serions assez

---

(1) Monneret et L. Fleury : *Comp. de Méd. prat.*, 1859, t. III, p. 121.

embarrassé, s'il nous fallait extraire des traités de la gastralgie une histoire de la dyspepsie, car les faits les plus disparates s'y trouvent généralement mêlés dans une extrême confusion, bien que sur le nom de dyspepsie asthénique (Dalmas), de gastralgie asthénique (Tardieu), etc., quelques auteurs aient rangé ce qui se rapporte plus spécialement à la dyspepsie telle que nous l'entendons; mais les détails qui vont suivre seront presque exclusivement empruntés à des observations nombreuses que nous avons recueillies nous-même, et auxquelles nous devons la conviction qu'il est nécessaire, autant pour la pratique que pour la nosologie, de séparer la dyspepsie de la gastralgie. Parmi ces observations, nous en avons choisi 45 qui, plus complètes que les autres, nous servirons à tracer cette histoire.

Ces 45 observations, dont 15 ont été recueillies à l'hôpital civil de Vichy, comprennent 22 femmes et 23 hommes appartenant à des conditions très-différentes de la société : 25 avaient de 20 à 40 ans, et 20 de 41 à 59 ans. La maladie était généralement fort ancienne. Chez 4 individus seulement elle avait moins d'un an de durée; chez 13, de 1 à 2 ans; chez 9, de 2 à 4 ans; chez 19, elle remontait à plus de 4 ans.

Symptômes. Digestions pénibles, suivies de douleur ou de malaise à la région épigastrique, développement de gaz dans l'estomac, rejet ou des alimens ou des produits de sécrétion de ce viscère, et constipation ; tels sont les symptômes, propres à la dyspepsie, qui se montrent le plus souvent et qui fixeront d'abord notre attention.

Les *digestions* sont *difficiles, lentes, pénibles ;* on n'a généralement conscience, dans l'état de santé, de l'accomplissement de cette fonction, que par ce frisson imperceptible qui annonce la concentration momentanée des forces de l'économie vers les organes qui y concourent le plus directement, et un certain degré d'engourdissement que suit bientôt un état général de force et de bien-être ; mais chez les dyspeptiques, les digestions déterminent, vers l'épigastre, des sensations plus ou moins douloureuses, dont la pesanteur, le gonflement, la chaleur, sont les caractères les plus habituels, et dans l'ensemble de l'économie, un état de langueur, de fatigue, de malaise souvent plus difficile à supporter que des douleurs aiguës. Ce malaise, toujours ressenti vers l'épigastre, presque toujours dans l'ensemble de l'économie, qui accompagne les diverses périodes de la digestion, est un caractère constant et essentiel de la dyspepsie : où il n'existe pas, il n'y a pas de dyspepsie.

Outre ce malaise local, l'épigastre est souvent le siége de *douleurs* dont l'intensité varie singulièrement, mais dont le caractère paraît être à-peu-près toujours le même, et se rapporte assez exactement à ce qu'on appelle avoir mal à l'estomac, quand on tarde à satisfaire les besoins de la faim. Ces douleurs, que l'on désigne sous le nom de *cardialgiques,* sont souvent continues ; c'est-à-dire que beaucoup de malades éprouvent presque constamment, au moins un certain degré de malaise à l'épigastre. Mais c'est surtout après les repas qu'elles se montrent ou qu'elles redoublent, et prennent quelquefois une intensité considérable. Ordinairement limitées à l'épigastre, on les voit quelquefois aussi s'étendre en ceinture autour du tronc, aboutir à un point spinal, ou même gagner la région lombaire.

Nous trouvons noté, dans 28 observations, le rapport qui existait entre l'apparition ou le redoublement de ces douleurs épigastriques et l'introduction des alimens dans l'estomac : 15 fois ce n'était qu'après un espace de temps variant de un quart-d'heure à trois heures ; 13 fois c'était immédiatement que la présence des alimens devenait douloureuse.

Outre ces douleurs , l'épigastre présente presque constamment de la *sensibilité à la pression* : au moins n'avons-nous vu celle-ci manquer qu'une fois , sur nos 45 observations. Dans presque tous les cas, cette sensibilité à la pression se retrouve à toute heure de la journée ; quelquefois cependant elle ne se montre que pendant la durée des digestions. Son siége presque constant est au creux épigastrique ; ordinairement limitée à un espace très-étroit , d'autres fois elle s'irradie assez loin, presque toujours cessant brusquement à ses limites. Dans un seul cas, cette sensibilité siégeait plus près de l'ombilic que de l'appendice xyphoïde.

Quelquefois les souffrances épigastriques revêtent un caractère particulier que l'on a désigné sous le nom de *pyrosis*, parce qu'il consiste en une sensation de chaleur, quelquefois de brûlure, insupportable, qui remonte le long de l'ésophage, et que j'ai vue se propager tout à l'entour du tronc. Il s'y joint aussi parfois des *pulsations*, que Schmidtmann attribuait à une oscillation spasmodique des fibres de l'estomac, mais qui sont évidemment artérielles : ces pulsations, le plus souvent bornées au temps de la digestion, sont en général fort pénibles à supporter.

Nous avons noté dans 36 observations un développement de *gaz* dans l'estomac, qui, dans quelques cas, avait les caractères d'une véritable pneumatose. Trois fois, il y avait seulement un gonflement tympanique de l'estomac pendant les digestions; mais, dans tous les autres cas, des éructations adondantes, soit à l'époque de la digestion, même avant la fin du repas, soit à jeun, surtout le matin. Ces gaz qui, dans la dyspepsie simple, se produisent en bien moindre quantité dans les intestins que dans l'estomac, avaient 5 fois une odeur hydrosulfurée, et 20 fois ce goût acide et brûlant qui leur a fait donner le nom d'*aigreurs*, et qui les rend véritablement insupportables. Quelquefois encore on observe, surtout le matin, des régurgitations aqueuses très-abondantes, soit insipides, soit salées : il y a alors un certain degré de *gastrorrhée*.

Nous trouvons les *vomissemens* notés 12 fois. Quatre fois ils ne s'étaient montrés qu'au début, pendant un temps variable. Hormis trois cas où ils étaient simplement séreux ou muqueux, on les a toujours trouvés *alimentaires*. Quelquefois, plus ou moins long-temps après le repas, les alimens remontent dans la bouche en nature et par une simple régurgitation, et peuvent être avalés de nouveau. J'ai observé ce phénomène chez deux malades. C'est ce qu'on a appelé *rumination* ou *mérycisme*.

L'estomac présente souvent une inaptitude spéciale

pour la digestion de tel ou tel aliment : soit la viande, soit les fécules, le lait, le vin, la soupe, etc.; la plus grande variété règne à cet égard. Je n'ai pas rencontré, dans les dyspepsies que j'ai eu occasion d'observer, cette répulsion pour les liquides que l'on attribue généralement à la gastralgie.

L'état de *l'appétit* se trouve noté dans 36 de nos observations. Il était conservé dans 11 'cas, complètement perdu 15 fois, très-diminué 9 fois, capricieux 1 fois seulement.

La *langue* est le plus souvent normale chez les dyspeptiques : quelquefois, cependant, blanche ou un peu grisâtre à la base ; quelquefois piquetée de points rouges et saillans. Il peut y avoir un goût amer dans la bouche, surtout le matin, presque jamais de nausées ; enfin, les signes de ce qu'on a appelé état saburral manquent habituellement.

La *constipation* est l'état le plus ordinaire chez les dyspeptiques : elle existait chez 34 de nos malades, alternant, chez 4 d'entr'eux, avec de la diarrhée. Les selles étaient habituellement régulières chez 9 malades; 4 de ces derniers avaient de la diarrhée quand leurs digestions se trouvaient le plus mauvaises.

Voici donc un ensemble de symptômes bien déterminés, résultant du dérangement des fonctions digestives, et qui caractérisent nettement la dyspepsie : digestions toujours lentes, pénibles ou douloureuses, douleur cardialgique avec sensibilité à la pression, développement exagéré de gaz dans l'estomac, constipation, anorexie; ajoutons enfin que ces phénomènes, dont la réu-

nion complète, pour n'être pas précisément constante,
n'en constitue pas moins un type bien tranché, se montrent sous une forme continue.

Mais l'étude des modifications présentées par les fonctions de la digestion elle-même ne saurait donner qu'une
idée incomplète de la dyspepsie ; nous trouverons, dans
l'état du reste de l'économie, des conditions non moins
dignes de fixer notre attention.

La physiologie nous rend compte de la corrélation
qui existe entre ces différens ordres de phénomènes. Il
n'est pas seulement nécessaire, pour que la digestion
s'accomplisse régulièrement, que les organes digestifs se
trouvent dans un état d'intégrité complète. L'ensemble
de l'économie y prend une part non moins importante.
Il semble qu'à ce moment où se prépare l'assimilation
des matériaux de réparation, l'organisme tout entier
concentre son attention vers l'accomplissement de cette
fonction indispensable à la vie : aussi tout ce qui vient à
la troubler alors, en apportant quelque perturbation
dans le système nerveux, le système circulatoire, le système cutané, ainsi de vives émotions, des émissions
sanguines, des révulsions intempestives, l'immersion
dans l'eau, etc., arrête, ou du moins dérange la digestion, et non pas toujours sans danger pour l'économie. « Les liens sympathiques, dit M. Andral, qui unissent l'estomac aux autres organes, sont si nombreux,
que le trouble d'un de ces organes doit nécessairement
modifier les fonctions de l'estomac... » Et après avoir
comparé, sous ce rapport, la muqueuse gastrique à
l'enveloppe cutanée, si souvent modifiée dans ses sécré-

tions pendant le cours de la plupart des maladies chroniques, le même auteur ajoute : « En vertu de cette merveilleuse loi de synergie, dont l'économie nous offre de continuels exemples, il semble que les fonctions de l'estomac, dans lequel commence l'acte assimilateur, doivent tendre à se suspendre, par cela seul que d'autres organes de la vie nutritive (intestin grêle, poumons, foie, etc.) ont cessé eux-mêmes de remplir leurs fonctions (1)... »

D'un autre côté, il est évident que les digestions ne peuvent demeurer long-temps incomplètes et douloureuses, sans que la nutrition s'en ressente, et que les autres fonctions de l'organisme viennent à s'allanguir sous l'influence d'une réparation insuffisante. Ainsi, soit comme cause ou comme effet, nous devons nous attendre à trouver, chez la plupart des dyspeptiques, les témoignages de la solidarité qui existe entre l'état des fonctions digestives et celui des autres grandes fonctions de l'économie. C'est en effet ce qui s'observe.

Non pas toujours, cependant : soit que la maladie soit trop récente ou trop légère pour avoir encore étendu son empreinte au loin, soit que les résultats de l'assimilation n'aient pas, en définitive, sensiblement souffert de la difficulté avec laquelle elle se sera opérée, soit enfin que, dans certaines organisations, les diverses fonctions de l'économie soient moins dépendantes les unes des autres, on peut voir des dyspepsies, même prolon-

____

(1) Andral : *Clinique médicale*, 1834, t. II, p. 181.

gées, ne pas entraîner d'altération notable dans la santé générale. Mais on observe le plus souvent, chez les dyspeptiques, un état d'affaiblissement et de langueur de toutes les fonctions : la face est pâle, le corps amaigri, les extrémités froides, la peau dépourvue de transpiration, comme la muqueuse digestive des sécrétions qui lui sont propres ; les forces musculaires atténuées, les facultés de l'intelligence pareillement affaiblies, le travail d'esprit aussi difficile que le travail de corps ; tel est le tableau que nous présentent un grand nombre de dyspeptiques, et dans lequel les malades sont surtout frappés de l'affaiblissement des forces et de la colorification, et le médecin de l'amoindrissement de la nutrition et des fonctions de la peau. Mais il est encore un autre type que nous retrouvons souvent chez les dyspeptiques, et que caractérise la prédominance du système nerveux. On sait qu'il est des individus à la taille mince et élancée, pour la plupart, à la peau fine, aux cheveux fins et soyeux, à la physionomie mobile, au caractère irritable, chez qui l'état de surexcitation du système nerveux semble en raison directe de l'affaiblissement de la nutrition : je n'ai pas à décrire ici les caractères d'une telle modification de l'organisme ; il me suffit d'en signaler l'existence chez un grand nombre de dyspeptiques. J'ai rencontré, du reste, ces deux types, qui se reproduiront sans doute aussitôt dans la mémoire ou sous les yeux de chacun de mes lecteurs, dans deux circonstances dignes de remarque.

Les observations qui me servent à tracer cette histoire de la dyspepsie ont été recueillies à Vichy, où le grand nombre de malades qui se rassemblent, atteints des mêmes affections, permet de saisir, plus facilement qu'ailleurs, les caractères qui leur sont communs, les uns à l'hôpital civil, dont je dirigeais le service pendant l'année 1848, les autres dans ma pratique particulière. Dans cet hôpital se trouvait une population, en général, très misérable, venant presque toute des hameaux montagneux ou encaissés de l'Auvergne ou du Bourbonnais, pays à fièvres intermittentes, à engorgemens viscéraux, à nourriture insuffisante ou malsaine. Là, je retrouvais à chaque instant, au plus haut degré, ce que l'on pourrait appeler la cachexie de la misère, et dont le simple aspect dessine, aux yeux du praticien, toute une longue et pitoyable étiologie.

Dans la pratique privée, au contraire, c'était cette autre population, généralement aisée et intelligente, qu'il est si instructif d'étudier, ainsi rapprochée de la précédente : c'est elle qui m'offrait cette prédominance du système nerveux, qui donne souvent aux hommes une physionomie féminine, et qui entraîne bien plus souvent à l'hypocondrie que la langueur des fonctions et l'anéantissement des forces.

C'est l'amoindrissement des fonctions de l'intestin, de la peau, de la matrice, qui frappe le plus chez les dyspeptiques. On observe quelquefois aussi chez eux quelques phénomènes cérébraux, tels que céphalalgie, étourdissemens, tendance à la tristesse, à l'hypocondrie; mais ces derniers phénomènes appartiennent plus à l'histoire de la gastralgie qu'à celle de la dyspep-

5.

sie. La céphalalgie mérite cependant de nous arrêter ici.

Il est rare qu'à la difficulté de la digestion, dans la dyspepsie, ne se joigne pas quelqu'embarras dans la tête : chez quelques malades, c'est presque le seul symptôme dyspeptique. Il ne se manifeste presque point de troubles fonctionnels vers l'estomac ; mais, pendant tout le temps que dure la digestion, il y a de l'assoupissement, ou une impossibilité absolue de mettre en œuvre les facultés de l'intelligence, ou enfin de la céphalalgie. Indépendamment de ces phénomènes, qui se reproduisent à chaque retour de la digestion, ou d'une digestion plus mauvaise que les autres, il y a des dyspeptiques qui sont sujets à des accès de douleurs de tête excessivement violens, à des migraines, que le vomissement résout quelquefois. Il y a beaucoup de dyspeptiques chez qui l'on peut dire, avec M. Chomel, que la migraine est une céphalalgie sympathique d'une mauvaise digestion. Mais il est certain aussi que la migraine est, chez d'autres individus, tout-à-fait indépendante de la manière dont s'opère la digestion, ou bien chez qui ce n'est que consécutivement aux douleurs de tête que surviennent des troubles des fonctions de l'estomac, ainsi des vomissemens.

Quant à l'hypocondrie, dont la liaison avec la dyspepsie ne nous a peut-être pas suffisamment frappé, nous pensons que M. Beau, malgré tout ce que ses recherches renferment d'intéressant pour l'histoire de la dyspepsie, n'a eu en vue qu'un ordre de faits très-particulier, en iden-

tifiant, ainsi qu'il l'a fait, la dyspepsie et l'hypocondrie (1).

On observe quelquefois de la fièvre chez les dyspeptiques, soit accidentellement, soit parce que, chez beaucoup d'individus, la fièvre se développe avec une grande
facilité dès qu'ils sont affaiblis. La dyspepsie n'est pas
une maladie fébrile ; mais on y remarque un affaiblissement, et surtout un ralentissement de la circulation,
qui sont beaucoup plus en rapport avec les conditions
générales de l'économie, qu'avec le degré ou la forme
de la dyspepsie elle-même.

Causes. Nous avons noté, dans nos 45 observations,
les causes auxquelles il a semblé possible d'attribuer le
développement de la dyspepsie ; mais il ne faut les accepter, ces causes, qu'avec beaucoup de réserve. Si l'é-
tiologie des maladies aiguës nous laisse si souvent indécis,
cette même étude doit nous laisser bien plus d'incertitude encore, quand il s'agit de maladies chroniques,
dont le début même est souvent difficile à déterminer, et
dont l'origine reconnaît ordinairement des influences
multiples, où le départ des dispositions individuelles et
des circonstances extérieures est presque impossible à
préciser.

On remarquera d'abord que, dans le plus grand nombre de nos observations, c'est à différentes maladies,

---

(1) Beau : *Nouvelles Recherches sur les Bruits des Artères....
De l'Hypocondrie.* Archives générales de Médecine. 1846, t. 10,
4e série, p. 281.

dont quelques-unes avaient laissé des vestiges encore, que le dérangement des digestions était attribué par les malades eux-mêmes : 26 d'entre eux étaient dans ce cas. Les autres accusaient des conditions d'un ordre différent, la plupart du ressort de l'hygiène.

Nous trouvons noté, pour nos 26 premiers malades, comme causes de leur dyspepsie :

Fièvre intermittente	9 fois.
Suites de couches	4
Maladies de matrice	2
Aménorrhée, causée elle-même par un re-froidissement à l'époque des règles	2
Pleurésie ou pneumonie	4
Maladies du cœur	2
Choléra	2
Fièvre typhoïde	1
	26

C'est-à-dire que, chez tous ces malades, c'était ou dans le cours de la maladie indiquée, ou dans la convalescence, que la dyspepsie avait pris naissance.

Si nous en exceptons les quatre malades atteints d'affections du cœur ou de la matrice, tous les autres étaient, à proprement parler, guéris de leur ancienne maladie. Aucun ne présentait encore d'accès de fièvre ni d'engorgement de la rate. Nous noterons surtout ce dernier point, car si l'on prend les individus porteurs de rates engorgées, on les trouvera, pour la plupart, affectés de dyspepsie à un degré quelconque. Mais nous n'avons pas dû les comprendre dans ce travail.

Chez 19 malades, nous avons noté les circonstances suivantes :

Chagrins domestiques...................... 4
Excès de travail et de plaisir............ 3
Excès de travail intellectuel, 2 fois avec nourriture insuffisante..................... 4
Vie sédentaire et trop substantielle........ 1
Alimentation mal réglée (1 fois en outre excès de masturbation)...................... 3
Frayeur causée par l'incendie de la maison qu'elles habitaient, chez deux jeunes femmes.. 2
Excès de travail matériel................. 2
                                        ———
                                         19

Ce que nous avons dit plus haut de la solidarité qui unit l'ensemble des fonctions de l'économie aux fonctions digestives, de telle sorte que l'organisme tout entier prenne une part effective à l'accomplissement de ces dernières, a dû faire pressentir le rôle qui devait appartenir, dans l'étiologie de la dyspepsie, à certaines maladies, soit locales, soit générales, dont l'effet est de déprimer les forces vitales, et de rendre toutes les fonctions languissantes. Telle est, sans aucun doute, l'origine des dyspepsies qui accompagnent si souvent l'aménorrhée, la dysménorrhée, la chlorose, la leucorrhée, les fièvres intermittentes, les cachexies de toutes sortes ; telle est également l'origine de ces dyspepsies que j'ai vues tant de fois survenir sous l'influence évidente de la misère et de tout ce qui l'accompagne, nourriture malsaine, insuffisante, habitations insalubres, incurie des

fonctions de la peau, etc. Rien ne paraît physiologiquement plus facile à concevoir que la liaison de telles
causes à de tels effets. La dyspepsie, a dit un auteur,
provient bien plus souvent des maladies des organes,
jouissant d'un *consensus* avec l'estomac, que de ce viscère
lui-même (1). La digestion se modifie et s'altère, dit
encore un auteur anglais, dans un ouvrage plein d'intérêt sur la diététique, lorsque le système nerveux a subi
un certain degré d'épuisement, sous l'influence d'une
maladie, ou de la perte de sommeil, ou d'exercices
musculaires excessifs, ou de transpirations exagérées
par suite de trop vives chaleurs, ou par des passions dépressives, émotions, chagrins, inquiétudes, travaux
d'esprit (2). Ainsi, conditions hygiéniques ou pathologiques, physiques ou morales, elles rentrent la plupart dans le même cercle d'action physiologique : ce
sont le plus souvent des causes dépressives que nous
voyons présider au développement de la dyspepsie.

En est-il de même pour la gastralgie? Il s'en faut de
beaucoup. « Les causes de la gastralgie, dit M. Tardieu,
sont sthéniques ou asthéniques ; au premier ordre appartiennent les écarts de régime fréquemment répétés, les
excès de table, l'usage habituel d'une alimentation suc-
culente, l'abus des alcooliques, du café noir.... (3). »

----

(1) J. Annesley : *Researches into.... the most prevalent diseases in
India*, etc. London, 1828.

(2) W. L. Robertson : *A treatise on Diet and regimen,* p. 42. London, 1847.

(3) A. Tardieu, *loc. cit.*, p. 421.

« Parmi les alimens qui peuvent produire la gastralgie,
dit M. Valleix, il faut d'abord placer les épices, le poivre,
la cannelle, le piment.... (1); puis, le thé, le café
(*Compendium*); les boissons glacées (Trnka). Ajoutez à
cela les travaux de cabinet, l'habitation des villes (Valleix), les excès vénériens (Schmidtmann, Barras). Cette
maladie, disent les auteurs du Compendium, se montre
plus commune dans les grandes villes, là où le luxe, les
passions, les travaux de l'intelligence, occupent une si
grande place dans la vie des hommes (2).

Ainsi, causes dépressives d'un côté, causes stimu-
lantes de l'autre : voici ce que nous présente, considérée
d'une manière générale, l'étiologie comparée de la dyspepsie et de la gastralgie.

Diagnostic. Si la description que nous venons de
tracer de la dyspepsie, d'après de nombreuses observations, suffit pour imprimer à cette maladie une physionomie particulière, celle-ci ressortira bien davantage
encore lorsque nous en aurons rapproché les principaux
caractères, de ceux de la gastralgie, tels que nous les
trouvons exposés dans les ouvrages classiques.

Accomplissement et, dans plusieurs circonstances,
facilité même de la digestion (Barras, *loc. cit.*, p. 358);
digestions quelquefois plus promptes et plus faciles qu'en
bonne santé (*Biblioth. du méd. prat.*, p. 474); appétit
rarement perdu, mais souvent augmenté ou perverti
(Barras, *loc. cit.*, p. 347; Valleix, *loc. cit.*, p. 323;

---

(1) Valleix, *loc. cit.*, p. 542.
(2) *Compendium de Méd. prat.*, t. iv, p. 275.

Tardieu, *loc. cit.*, p. 416; *Compendium*, t. iv, p. 360);
douleurs intermittentes (Valleix); n'augmentant presque
jamais à la pression (Barras, p. 341); une fois sur
trente-trois (Valleix, p. 321); diminuant par les alimens
(*Comp.*, p. 258); sensations bizarres dans l'estomac
(Barras, Valleix); vomissemens rarement composés de
matières alimentaires (Barras); amaigrissement en général peu marqué (Tardieu, p. 416); enfin, marche rarement continue (*Dict. de méd.*, en 30 vol., t. xiv, p. 6);
retour des accidens par accès (Tardieu, p. 41), etc.

En faut-il davantage pour prouver que le groupe de
symptômes, d'après lequel ces auteurs ont tracé la
description de la gastralgie, appartient à une autre maladie que ceux qui nous ont servi à décrire la dyspepsie,
et où nous avons trouvé : la digestion *toujours* lente ou
pénible, l'appétit ordinairement perdu ou diminué, les
douleurs continues, augmentent à-peu-près *constam-*
ment, par l'introduction des alimens et par la pression;
cette douleur à-peu-près uniforme chez tous les malades,
rarement accompagnée de sensations extraordinaires,
les vomissemens presque toujours *alimentaires*, l'amaigrissement souvent extrême, et enfin une marche uniforme avec des redoublemens presqu'uniquement dus
à la présence des alimens.

S'il est quelques phénomènes communs à la gastralgie
et à la dyspepsie, tels que la constipation, le développement de gaz dans l'estomac (encore ceux-ci sont-ils
presque toujours inodores et insipides dans la première,
tandis qu'ils ont souvent des caractères différens dans la
seconde), cependant il est difficile de présenter des con-

trastes plus tranchés que ceux que nous avons constatés dans ces deux maladies. Aussi serait-il superflu d'ajouter ici que la division de la gastralgie en sthénique et en asthénique, présentée par quelques auteurs dans le but de distinguer ces deux ordres de faits, n'est propre qu'à ajouter à la confusion introduite dans cette étude. La dyspepsie et la gastralgie sont deux maladies parfaitement distinctes, que rien n'autorise à rapprocher, et à plus forte raison à confondre sous la même dénomination.

Voici du reste un tableau synoptique qui mettra en regard les caractères les plus importans de l'une et de l'autre de ces deux affections.

DYSPEPSIE.	GASTRALGIE.
Digestion toujours lente, pénible, douloureuse.	Digestion quelquefois plus facile et plus prompte que dans l'état de santé.
Présence des alimens déterminant toujours quelque malaise.	Présence des alimens soulageant quelquefois les douleurs gastralgiques.
Appétit en général diminué ou perdu, jamais perverti.	Appétit souvent conservé, quelquefois augmenté, souvent perverti.
Douleurs cardialgiques point constantes ;	Douleurs cardialgiques constantes ;
toujours liées au travail de la digestion ;	souvent indépendantes de la présence des alimens ;
jamais très-aiguës ;	souvent très-violentes ;
presque toujours accompagnées de sensibilité à la pression ;	presque jamais accompagnées de sensibilité à la pression ;
point de sensations bizarres.	sensations bizarres dans l'estomac.

Vomissemens ordinairement alimentaires.	Vomissemens non alimentaires.
Eructations souvent aigres, quelquefois hydrosulfurées.	Eructations en général inodores et insipides.
Marche continue sauf l'influence périodique de l'introduction des alimens.	Retour des accidens par accès.
Tous les accidens liés au fait même de la digestion devenue difficile.	Les accidens plus ou moins indépendans des digestions, qui peuvent s'exécuter normalement ou qui ne sont qu'accidentellement troublées.
Affaiblissement général de la nutrition.	La nutrition peut se faire d'une manière normale.
Causes généralement dépressives.	Causes généralement stimulantes.

Nous reconnaissons parfaitement que, dans ce tableau, nous avons pris les caractères les plus tranchés de ces deux maladies pour les opposer l'une à l'autre. Cependant on conviendra que deux groupes de symptômes aussi distincts, et on ne peut nier qu'ils ne s'observent ainsi, ne sauraient en aucune façon appartenir à la même affection, et n'en constituer que de simples variétés.

Ce qui fait que l'on ne rencontre pas toujours des faits aussi tranchés, c'est que la dyspepsie et la gastralgie peuvent se surajouter l'une à l'autre, soit qu'un estomac fatigué de souffrances nerveuses prolongées tombe dans l'atonie dyspeptique, soit, ce qui est plus rare, qu'un estomac dyspeptique devienne le siége de phénomènes nerveux particuliers.

M. Tardieu fait justement remarquer qu'il n'est plus nécessaire aujourd'hui de s'attacher, comme on l'avait fait jusqu'ici , au diagnostic différentiel de la gastralgie et de la gastrite chronique (1). C'est surtout des lésions organiques, ulcère ou cancer d'estomac , qu'il importe de différencier les dyspepsies. La description que nous avons présentée de cette dernière maladie prouve que ce diagnostic ne doit pas toujours être très-facile. L'existence d'une tumeur ou de vomissemens noirâtres ou sanglans pourra lever tous les doutes; mais il faut souvent avoir recours à d'autres élémens de diagnostic, d'autant plus que le cancer d'estomac est souvent précédé d'une simple dyspepsie. L'étude des antécédens, de l'hérédité, la connaissance de causes locales irritantes, des vomissemens opiniâtres et surtout douloureux, la teinte de la peau, un dépérissement très-rapide, pourraient, à défaut de signes plus certains, mettre sur la voie de l'existence ou de l'imminence d'une lésion organique.

Marche, durée. Les premières atteintes de la dyspepsie peuvent n'être que passagères, mais ses symptômes ne tardent pas en général à suivre une *marche continue;* on n'y observe jamais les accès qui servent à caractériser la gastralgie. Le malaise de la dyspepsie confirmée est ordinairement sans interruption, les digestions sont toutes pénibles, à des degrés variables.

La *durée* de la dyspepsie peut être fort longue; parmi les malades auxquels nous avons donné des soins, un grand nombre faisaient remonter le début de leur ma-

____

(1) A. Tardieu, *loc. cit.*, p. 422.

ladie à plusieurs années. C'est toujours une maladie chronique dès son début.

Pronostic. Le *pronostic* de la dyspepsie n'est ordinairement grave que lorsque le malade ne peut se soustraire aux conditions qui en ont déterminé ou favorisé le développement : alors l'existence peut en être empoisonnée. J'ai rencontré des individus jeunes, ayant encore quelqu'apparence de force, et à qui, depuis plusieurs années, tout travail était devenu impossible. Une affection qui peut anéantir aussi complètement les forces physiques ou intellectuelles, en vertu de l'atteinte profonde subie par la nutrition, est certainement une affection grave. Du reste, elle ne paraît, dans aucun cas, menacer directement la vie, et s'il est vrai qu'elle précède souvent les lésions organiques de l'estomac, nous ne savons encore jusqu'à quel point elle en pourrait favoriser le développement.

Nature de la dyspepsie. Pour tous ceux qui veulent bien encore mentionner la dyspepsie, comme pour ceux qui la sous-entendent sous le nom de *gastralgie*, la dyspepsie est une névrose. Il ne suffit pas, cependant, pour constituer une névrose, des résultats négatifs de l'anatomie pathologique : il faut qu'on puisse lui assigner les caractères d'une lésion du système nerveux, « d'une affection contre nature, apyrétique du sentiment ou du mouvement (1), » « sans lésion appréciable des solides ou des liquides (2). » Nous ne trouvons pas de lé-

----

(1) Cullen : *Élémens de médecine pratique*, 1819, t. ii, p. 512.
(2) A. Tardieu : *Thèses de l'agrég.*, Paris, 1844, p. 17.

sion du mouvement dans la dyspepsie, puisque le vomissement s'y observe rarement, et la douleur qui s'y rencontre dans le plus grand nombre des cas, peut manquer ou être très-peu prononcée, et ne joue évidemment qu'un rôle secondaire dans la maladie. Bien plus, M. Barras se sert du mot *dyspepsie* pour désigner l'exaltation de la *sensibilité sans douleur* de l'estomac (1), sans que nous puissions comprendre en quoi des *digestions longues et pénibles* (2) peuvent exprimer une exaltation de la sensibilité. M. Grisolle dit également que la dyspepsie est une névrose non douloureuse de l'estomac, caractérisée par la lenteur et la difficulté des digestions (3), circonstances qui nous paraissent également peu propres à caractériser une névrose.

De telles définitions nous semblent devoir être abandonnées ; elles ne nous donnent qu'une idée inexacte et surtout très incomplète de la dyspepsie. Nous nous adresserons à la physiologie pour chercher à nous éclairer sur ce sujet, car les maladies dont nos organes sont susceptibles se trouvent ordinairement en rapport avec les fonctions qui leur sont dévolues.

C'est spécialement par l'entremise du système nerveux, et à l'aide de sécrétions particulières, que s'opère la digestion ; et nous parlons ici non seulement des nerfs et des sécrétions de l'estomac lui-même et du duodénum, mais encore des sécrétions des glandes salivaires, du

---

(1) Barras, *loc. cit.*, p. 561.
(2) Barras, *loc. cit.*, p. 562.
(3) Grisolle, *loc. cit.*, p. 715.

pancréas, du foie, qui y prennent une part non moins importante, et aussi des plexus nerveux, dont le centre épigastrique nous offre un si remarquable développement.

Ce simple exposé des premiers élémens de la digestion doit faire pressentir ce qu'on a long-temps méconnu, et ce que la physiologie de la digestion nous permet d'établir avec certitude : que les troubles dont cette fonction se trouve si fréquemment le siége doivent presque toujours dépendre ou d'un dérangement nerveux ou d'une lésion de sécrétion. En effet, bien que l'estomac nous offre des exemples d'inflammation, de dégénérescences, etc., il faut reconnaître que sa pathologie spéciale appartient presque exclusivement aux névroses et aux diacrises, et se résume en grande partie dans la gastralgie et la dyspepsie : et ces maladies devraient être appelées, à proprement parler, des maladies de l'appareil central de la digestion, car elles ont peut-être aussi souvent leur siége dans l'appareil nerveux et dans les appareils sécréteurs qui sont en rapport avec l'estomac, que dans cet organe lui-même.

La dyspepsie est-elle réellement une diacrise (1)? A défaut de notions précises fournies par l'anatomie ou la chimie pathologique, l'analyse des symptômes de la

---

(1) M. Gendrin, dans son très-remarquable *Traité des dyspepsies* (*Traité philos. de méd. prat.*, t. 2 et 5), a rangé les dyspepsies parmi les *diacrises*. Si nous n'avons pas fait, dans cet article, un plus grand usage de l'ouvrage de M. Gendrin, c'est que ce savant médecin a donné au mot de *dyspepsie* une extension beaucoup plus grande que celle où nous avons cru devoir restreindre cette étude.

dyspepsie nous apportera quelques lumières sur ce sujet.

Nous avons vu que la dyspepsie ne pouvait mieux se définir que comme un affaiblissement de la faculté de digérer. Or comme la digestion est essentiellement un phénomène et nerveux et chimique, on est conduit naturellement à accuser l'un ou l'autre de ces deux élémens. Mais les névralgies ne se manifestent pas en général par un amoindrissement des fonctions nerveuses ; c'est l'exagération ou la perversion de ces fonctions qui les caractérise. Telle est la gastralgie, avec ses formes si bizarres et si variées. Les auteurs qui ont fait de la dyspepsie une névrose et l'ont rangée parmi les gastralgies, avaient certainement fait abstraction de la partie chimique de la digestion, c'est-à-dire des sécrétions qui prennent une si grande part à un accomplissement. Les travaux remarquables des physiologistes contemporains, MM. Blondlot, Bouchardat, Sandras, Mialhe, Bernard, etc., nous ont appris l'importance et la nature du rôle qu'y joue chacune de ces sécrétions : et il arrive souvent de pouvoir, à la suite de ces expérimentateurs, diagnostiquer, dans le cours d'une dyspepsie, le siége particulier, sinon la nature, de l'altération morbide, lorsqu'il existe une impossibilité spéciale de digérer soit la viande, soit la graisse, soit les féculens, et qu'il en résulte pour nous, par exemple, que c'est le suc gastrique ou le suc pancréatique, qui est spécialement altéré. Ce qui peut-être nous appartient un peu plus particulièrement dans cette étude, l'importance que nous avons attachée à l'influence de l'état général des organes sur les phénomènes et nerveux et chimiques de la diges-

tion, vient encore à l'appui de cette idée, que la dyspepsie est une diacrise ou une lésion de sécrétion : car
il est évident que. par une telle définition, on ne saurait faire abstraction du système nerveux et de la part
qu'il prend à tous les phénomènes où la vie est en jeu.

TRAITEMENT DE LA DYSPEPSIE.

Il ressort de l'histoire de la dyspepsie, telle que nous
l'avons tracée d'après les faits observés par nous, que
le traitement de cette affection devra presque toujours
être un traitement général, si l'on veut qu'il soit doué
de quelqu'efficacité.

En effet, si c'est surtout à l'affaiblissement de l'ensemble des fonctions de l'économie, au défaut de réaction, qu'est due l'altération des digestions, dans la dyspepsie, que cet état général ait précédé l'état local ou
qu'il en soit une conséquence, il est évident que les
agens thérapeutiques que l'on se contentera d'adresser
à l'estomac lui-même, seront souvent employés en pure
perte, et qu'ils ne sauraient avoir d'action sur l'élément
peut-être le plus important de la maladie.

Les symptômes locaux et généraux de la dyspepsie,
ses causes les plus habituelles, toutes les circonstances
de son histoire, sans nous permettre de pénétrer très
avant encore dans la nature des modifications pathologiques qui la constituent essentiellement, ne nous en
autorisent pas moins à établir en principe, que la base
du traitement de la dyspepsie doit être l'emploi des toniques et des stimulans.

Cette première indication posée, et elle se déduit si

nécessairement de ce qui précède , que nous n'avons pas
à la discuter ici, reste le moyen de la remplir. Un traitement tonique ou stimulant peut être modifié de mille
manières différentes, suivant les individualités auxquelles
il s'adresse , et l'on en peut puiser les élémens ou dans
la matière médicale , ou dans l'hygiène, ou dans certains agens qui tiennent le milieu entre les moyens thérapeutiques proprement dits et les modificateurs hygiéniques, et parmi lesquels nous trouvons les eaux minérales.

C'est de l'étude de ces dernières que nous nous occu-
perons spécialement ici.

La part commune que nous avons attribuée, dans la
maladie dont il est question , et à l'appareil organique
où on la localise le plus habituellement, et aux conditions générales de l'économie dont en général on ne se
préoccupe pas suffisamment, montre que le praticien
devra, suivant les cas, aller puiser ses moyens d'action
à chacune des sources que nous avons indiquées plus
haut.

Dans des dyspepsies légères, ou de peu de durée, ou
dues à quelques causes toutes locales, un traitement local pourra suffire. On cherchera alors parmi les amers,
la gentiane, la rhubarbe, le colombo, les laxatifs, les
stimulans tels que la menthe, la mélisse, etc., le régime
alimentaire froid, les moyens de relever la tonicité des
premières voies, et de stimuler les sécrétions nécessaires
au bon accomplissement de la digestion.

Mais si la maladie n'offre plus un état de simplicité qui
lui permette de céder à de tels moyens, il faut prendre,

garde que, employés seuls, ceux-ci seront le plus souvent stériles et même nuisibles, car si l'on persiste dans l'emploi des stimulans sur un organe affaibli et dépourvu de ressort, on ne fera que l'irriter, et on courra risque de changer, en l'aggravant, le mode de souffrance qu'il présentait. N'est-ce pas ce qui arrive à presque tous ces individus qui, négligeant de recourir à des soins éclairés, trompent un instant leurs malaises et facilitent effectivement leurs digestions à l'aide de stimulans, tels que préparations épicées, liqueurs fortes, menthe, essences diverses, etc. On sait ce qu'il advient le plus souvent de telles pratiques.

Ce qui rend ordinairement, je le dis par expérience, si long et si difficile le traitement des dyspepsies, c'est qu'il se borne presque toujours à de simples palliatifs qui ne remédient en rien au fond de la maladie; ce qui fait que j'ai rencontré tant de dyspeptiques traînant depuis longues années, huit, dix ou quinze ans, une existence misérable, c'est que l'on néglige trop souvent ce qui fait l'indication dominante dans le traitement de cette maladie.

Il faut donc, chez les dyspeptiques, interroger avec soin l'état général du sujet, les causes de la maladie, et saisir la moindre indication pour diriger ailleurs que sur l'estomac, ainsi vers l'autre extrémité de l'appareil digestif, vers la peau surtout, les agens destinés à relever la tonicité amoindrie des organes. C'est ainsi qu'agissent les lavemens froids, les bains toniques ou excitans, les frictions; mais c'est surtout dans les grands modificateurs hygiéniques qu'il faudra chercher des auxi-

liaires : le genre de vie, le changement de climat, la vie
active succédant au repos, les occupations de la campagne aux travaux du cabinet, les exercices violens, le
retour à des habitudes régulières, la gymnastique, les
bains de toutes sortes, douches, natation, l'hydrothérapie, les bains de mer, enfin les eaux minérales prises sur
les lieux mêmes.

Nous ne parlerons pas des indications spéciales qui
peuvent résulter de l'état diathésique ou de certaines
circonstances sous l'influence desquelles la dyspepsie se
sera developpée : ainsi, chlorose, hystérie, aménorrhée,
leucorrhée, etc. Ce n'est pas alors la dyspepsie que l'on
traite, c'est l'hystérie, la chlorose, etc. C'est dans les
cas de ce genre que le traitement d'un gastralgique et
d'un dyspeptique pourra être identique, bien que le traitement de la gastralgie et celui de la dyspepsie soient
loin d'être les mêmes.

Calmans de toutes sortes, narcotiques, antispasmo-
diques : telle est la base du traitement des gastralgies.
Que feront à une dyspepsie l'opium, l'éther, les bains
calmans et prolongés, c'est-à-dire les moyens les mieux
indiqués dans le traitement des gastralgies? Rien qu'empirer le mal; à moins toutefois que l'intensité particulière d'un symptôme spécial, comme la douleur par
exemple, ne nécessite l'emploi, mais toujours modéré,
de l'opium, ainsi que les ferrugineux et les amers conviennent dans certaines gastralgies.

Mais arrivons au sujet dont nous voulons surtout nous
occuper, le traitement de la dyspepsie à Vichy, ou, si

l'on veut, **aux eaux minérales**, car la plupart des faits que nous allons exposer peuvent certainement s'appliquer à bien d'autres eaux, de composition chimique différente. Peut-être trouvera-t-on que nous sommes entré dans des détails trop minutieux relativement au traitement de la dyspepsie ; mais nous avons cru faire une chose utile, en faisant assister jusqu'à un certain point le lecteur à la pratique des eaux de Vichy. Nous pensons que l'on ne saurait trop multiplier les sources d'indication, lorsqu'il s'agit surtout de maladies comme la dyspepsie, où il n'est guère possible de les formuler d'avance : et il n'y a pas à douter que les praticiens ne puissent en puiser, et des meilleures, dans une connaissance aussi complète que possible, et des différens modes d'administration des eaux minérales, et des modifications qu'y subissent les états morbides que l'on y traite.

Cette étude est le résumé de 80 observations que nous avons recueillies nous-même à Vichy (1), soit à l'hôpital civil (30), soit dans notre pratique particulière (50). Elles comprennent 41 femmes, dont 19 observées à l'hôpital et 22 en ville, et 39 hommes, dont 11 à l'hôpital et 28 en ville.

Voici quelle avait été la durée de la maladie, chez 77 de ces malades :

---

(1) Sur ces 80 observations, 45 seules étaient assez complètes, sous le rapport des symptômes, pour servir à la description de la maladie.

	Hôpital.	Prat. part.	Total.
Moins d'un an	2	4	6
de 1 an à 18 mois.	3	6	9
2 ans	5	8	13
3 ans	5	5	10
4 ans	3	1	4
5 ans	4	6	10
6 ans	2	2	4
plus de 6 ans	5	16	21
	29	48	77

La durée du traitement a été de :

	Hôpital.	Prat. part.	Total.
moins de 20 jours chez	4 malades	9	13
de 20 à 24 jours	16	19	35
de 25 à 30	8	14	22
de 31 à 40	2	7	9
de 60 jours	»	1	1
	30	50	80

Ce qui donne, en moyenne, environ :

22 jours pour les malades de l'hôpital, et 24 pour les autres.

Tous ces malades avaient une dyspepsie bien caractérisée, telle que nous l'avons décrite dans la première partie de ce travail. Elle était compliquée :

d'hypertrophie du cœur......... 2 fois
d'hypocondrie................... 1 } à l'Hôpital.
d'hystérie 1
de gravelle 1
de maladie de matrice.......... 3
de coliques hépatiques 1

Une distinction importante doit présider à l'analyse de ces observations.

Pour 51 d'entr'elles, nous ne pouvons parler ici que des résultats observés durant le traitement lui-même, ou pendant un très court espace de temps après sa terminaison. Mais dans 29 observations, les malades étant revenus à Vichy une seconde ou même une troisième année, nous avons pu suivre les résultats consécutifs du traitement.

Voici, pour les 51 malades qui n'ont été observés à Vichy, que pendant une saison, les résultats généraux du traitement, exprimés d'une manière succinte :

	Hôpital.	Prat. part.	Total.
Amélioration portant également sur les phénomènes locaux de la dyspepsie, et sur les conditions générales de l'économie, forces, calorification, sueurs, etc., chez.	8 mal.	15	23
Amélioration portant spécialement sur les conditions générales de l'économie, chez	2	5	7
Amélioration portant spécialement sur les symptômes de la dyspepsie elle-même, chez	5	1	6
Amélioration très légère, chez.	»	4	4
Aucune amélioration, chez	3	8	11
	18	33	51

Le premier phénomène que l'on observe en général chez les dyspeptiques soumis au traitement par les eaux de Vichy, c'est le retour ou l'augmentation de l'appétit :

il ne manque pas une fois sur vingt. Les digestions, bien
que la plupart des malades mangent plus qu'ils ne faisaient ou ne pouvaient faire chez eux, sont, dans une
mesure variable, plus faciles et plus rapides. En même
temps, ils accusent un sentiment de force et de bien-
être qui est un des effets les plus ordinaires du traitement
par les eaux de Vichy. Alors même que les malades ne
doivent retirer du traitement aucun avantage marqué,
on ne manque guère d'observer ces différens phénomènes. Dans 34 de nos observations, où nous avons
noté le moment même où ils se sont montrés d'abord,
nous en trouvons l'apparition signalée :

Le 2ᵉ jour de traitement, chez...... 2 malades.
Le 4ᵉ 4
Le 5ᵉ 3
Les 6ᵉ et 7ᵉ........................ 4
Le 8ᵉ 7
Le 9ᵉ 2
Le 10ᵉ 5
Du 11ᵉ au 14ᵉ...................... 3
Le 15ᵉ 3
Le 19ᵉ 1
                                    ____
                                    34 malades.

Les symptômes qui, en général, disparaissent ensuite
le plus promptement, sont les vomissemens, les douleurs cardialgiques, les régurgitations aqueuses, le pyrosis, les aigreurs, les gaz de l'estomac ou la constipation.

Les douleurs cardialgiques, dans la dyspepsie, paraissent liées ordinairement au fait même de la diffi-

culté des digestions, qu'elles soient plus particulièrement en rapport avec la lenteur et l'insuffisance de
l'élaboration des alimens, ou avec l'altération des sécrétions gastriques, ainsi la présence d'un excès d'a-
cides, etc. ; aussi se calment-elles le plus souvent en peu
de jours sous l'influence du traitement thermal. Mais
quelquefois elles semblent tenir à une exaltation nerveuse, ou de l'estomac lui-même, ou des plexus qui
l'environnent (gastralgie). Alors le traitement thermal
est souvent impuissant à les faire disparaître, et peut
même les augmenter. Il faut, dans ce cas, avoir recours
à d'autres moyens : le sirop diacode pris pur immédiatement après le repas, des cataplasmes laudanisés sur
l'épigastre, des fomentations éthérées et opiacées, etc.
Il faut surtout alors administrer les eaux avec beaucoup de réserve, mitiger beaucoup les bains, les remplacer de temps en temps par des bains d'eau douce,
couper l'eau prise en boisson ; il faut surtout se garder
de trop insister sur le traitement, quand il ne paraît pas
bien réussir.

Nous nous sommes souvent bien trouvé, pour accé-
lérer les digestions et diminuer les douleurs que déter-
minait leur accomplissement pénible, de prescrire un
verre d'eau minérale immédiatement après le repas,
pratique anciennement usitée à Vichy, et trop négligée
aujourd'hui.

Le choix de la source à prescrire aux dyspeptiques
présente une grande importance. Beaucoup de médecins savent que l'eau de la *grande Grille*, généralement
préférable pour la transportation, ne peut pas être em-

ployée à Vichy par la plupart des dyspeptiques, chez lesquels elle déterminerait une stimulation trop vive de l'estomac, avec accroissement de tous les symptômes que l'on cherche à détruire. L'eau qui doit être habituellement préférée par les dyspeptiques à Vichy, est celle de la source de l'*Hôpital*, prescrite à dose très faible d'abord, par quart de verre ou par demi-verre, rarement ensuite au-delà de 3 à 5 verres. Cependant il est encore un certain nombre de dyspeptiques qui digèrent mal l'eau de l'*Hôpital* et qui ne paraissent en obtenir aucun effet salutaire. Il faut alors recourir à une source différente.

Il y a à Vichy une source, obtenue il y a peu d'années par un forage artésien, et que caractérise une proportion notable de fer tenue en dissolution à l'aide d'une quantité d'acide carbonique plus considérable que celle contenue dans les autres sources (1), quantité de fer que la saveur prononcée et caractéristique de l'eau, et le dépôt ocreux de la source indiquent plus considérable que ne le signalent les analyses toujours faites à distance jusqu'ici. L'eau de cette source (*source Lardy*) paraît s'adresser à des indications très précises, anémie, aménorrhée, sexe féminin, enfance, etc. En outre, il se trouve, en dehors des conditions de ce genre, un grand nombre de dyspeptiques à qui cette eau seule paraît convenir. En 1849 seulement, sur 22 dyspeptiques à qui nous avons eu à donner des soins, 10 avaient été forcés de cesser l'eau de l'*Hôpital*, soit que celle-ci ne pût être

(1) *Voyez* p. 11.

tolérée, soit qu'elle ne produisît aucune amélioration, et chez tous l'eau de la source *Lardy* détermina un bien-être immédiat. Dans la plupart de ces cas, cependant, il n'existait aucune indication spéciale relative à l'emploi des ferrugineux, et nous n'avions été conduit à prescrire l'eau de la source *Lardy* que pour les résultats mauvais ou insuffisans de la source de l'*Hôpital*.

Nous avons insisté, dans la première partie de ce travail, sur la nécessité de stimuler les fonctions de la peau chez les dyspeptiques, et sur l'importance dominante de cette indication spéciale. Nous avons donné des soins à une dame, atteinte d'une dyspepsie ancienne et considérable, qui, un an auparavant, avait obtenu une amélioration importante en portant de la flanelle sur la peau, et en y ramenant aussi un peu de moiteur. Nous avons toujours vu la diminution de la dyspepsie accompagner ou suivre de près le retour des fonctions de la peau, que l'on trouve si habituellement froide et sèche chez les dyspeptiques. C'est dans ce but surtout qu'il est à-peu-près indispensable de joindre les bains à l'usage de l'eau en boisson chez tous les dyspeptiques, et souvent d'y ajouter des douches, dont l'emploi sur les extrémités inférieures des individus qui les ont habituellement froides, sur le rachis et les lombes des individus très affaiblis, des femmes aménorrhéiques surtout, moins souvent les douches en arrosoir sur l'abdomen ou l'épigastre, nous ont toujours fourni les résultats les plus avantageux.

La constipation est un des symptômes de la dyspepsie qui méritent le plus d'attention. Souvent occasionnée

par le trouble des digestions et entretenue par une alimentation insuffisante, elle devient elle-même souvent
la cause de la plupart des souffrances des dyspeptiques,
et, dans la plupart des cas, réagit de la manière la plus
fâcheuse et sur les conditions particulières de l'appareil
digestif, et sur les conditions générales de l'organisme.

L'administration des eaux de Vichy, en bains et en
boissons, suffit quelquefois pour rétablir la liberté du
ventre ou au moins diminuer la constipation ; mais il
faut le plus souvent avoir recours aux douches ascendantes qui, combinées avec le reste du traitement, nous
paraissent un des moyens les plus efficaces que l'on
puisse opposer à la constipation par atonie des voies digestives. Ces douches ascendantes, dont on modifie le
mode d'administration de bien des manières différentes,
peuvent satisfaire à des indications multiples : débarrasser le gros intestin des matières qu'il contient, s'opposer
à ce que ces dernières s'accumulent de nouveau, combattre l'inertie dont une constipation prolongée et l'abus
des lavemens frappent si souvent les propriétés contrac-
tiles du gros intestin ; tonifier par extension l'ensemble
du canal digestif, en activer les sécrétions, enfin agir
par voisinage sur les organes génitaux de la femme et sur
les organes génito-urinaires de l'homme.

Malgré l'emploi des douches ascendantes, il est assez
rare de voir disparaître à Vichy ces constipations anciennes et opiniâtres que tant de malades y apportent.
C'est presque toujours consécutivement, et à mesure
que l'effet des eaux se fait sentir sur l'activité des digestions, de la transpiration cutanée et de la nutrition, que

l'on voit peu à peu les selles spontanées se rétablir, in-complètement d'abord, puis reprendre enfin leurs con-ditions normales. Mais il ne faut pas oublier que c'est toujours là un résultat difficile à obtenir, qu'il faut quel-quefois des années pour y arriver, et que quelquefois aussi tous les efforts dirigés dans ce sens demeurent su-perflus.

La seconde série d'observations, celle où les résultats consécutifs du traitement ont pu être suivis pendant une ou plusieurs années, comprend 29 malades, dont 12 appartenant à l'hôpital civil de Vichy.

Les conditions d'ancienneté et de gravité de la mala-die, de durée et de mode d'administration du traite-ment, ont été sensiblement les mêmes pour ces malades que pour ceux dont nous avons parlé tout-à-l'heure.

Voici quels ont été les résultats généraux du traite-ment :

Amélioration générale et locale, primitive, c'est-à-dire ayant commencé à se montrer pendant la durée du traitement, chez... 14 malades

Amélioration consécutive, c'est-à-dire n'ayant commencé à se montrer qu'après le traitement, chez............................... 8

Amélioration n'ayant porté que sur l'état général de l'économie, chez................. 6

Amélioration n'ayant porté que sur les phé-nomènes locaux de la dyspepsie, chez....... 1
———
29

Nous étudierons successivement les résultats conségnés dans nos observations, suivant leur marche, puis suivant leur nature, et nous chercherons ensuite à apprécier le degré des améliorations obtenues.

Nous venons de voir que, dans 8 cas, les malades avaient quitté Vichy aussi souffrans qu'ils y étaient arrivés. L'amélioration n'avait paru que consécutivement.

Cette amélioration était survenue dans un cas presqu'aussitôt après le retour du malade chez lui, mais quatre mois après il était repris des mêmes accidens. 1 mal.

L'amélioration était revenue très-graduellement, après le départ de Vichy, et sans que l'époque de sa première apparition eût pu être fixée, chez..................................... 4 mal.

L'amélioration n'avait commencé à se montrer que deux mois après le retour de Vichy, chez .... 3 mal.

Nous citerons un résumé de plusieurs de ces observations.

Une domestique, âgée de 41 ans, de Paray-le-Moniat (Allier), éprouvait depuis cinq ou six ans, deux ou trois heures après ses repas, une pesanteur douloureuse à l'épigastre, qui durait elle-même une ou plusieurs heures, et se terminait par des éructations abondantes; tout ce qu'elle prenait occasionnait les mêmes accidens, l'eau pure seule passait bien. Il y avait des aigreurs le matin, peu d'appétit et souvent de la constipation. Il survint un amaigrissement considérable; elle ne transpirait presque plus. Depuis un an, des vomissemens précédés de nausées survenaient presqu'aussitôt après chaque repas, surtout lorsqu'elle mangeait du maigre.

Les aigreurs, les douleurs cardialgiques, l'affaiblissement et l'amaigrissement allaient toujours en augmentant ; cependant elle n'avait pas cessé de travailler.

Elle vint à Vichy en juin 1848, prit 20 bains et but de
l'eau de l'*Hôpital*. Les vomissemens cessèrent aussitôt;
mais ce fut là la seule amélioration. Plus tard, quand la
malade eut quitté Vichy, elle se trouva beaucoup mieux,
les aigreurs se dissipèrent, la constipation diminua ; les
vomissemens reparaissaient encore quelquefois; elle était
beaucoup plus forte, la peau plus souple et transpirant
plus facilement, le teint meilleur; elle se sentait *refaite*.
Elle revint à Vichy en juin 1849 prendre une nouvelle
saison de 19 bains. Au départ, selles régulières, aucune
sensibilité à l'épigastre; elle se trouve en parfait état de
santé.

Une fille de campagne, âgée de 37 ans, se plaignait
depuis cinq ans, surtout depuis trois, de douleurs cardialgiques très-vives, avec sensibilité excessive à la
pression ; il y avait peu d'appétit, mauvais goût dans la
bouche, le matin, palpitations cœliaques, gonflement
après les repas, éructations considérables, pas de constipation, les extrémités toujours froides, un affaiblissement tel qu'elle ne pouvait plus travailler qu'à peine par
intervalle. Elle vint à Vichy en 1848, prit 35 bains,
but de l'eau de l'*Hôpital*, et partit sans autre effet appréciable des eaux, qu'un peu plus d'appétit et un peu
moins de froid des extrémités. Mais deux mois après,
elle commença à sentir une amélioration importante.
Les douleurs cardialgiques disparurent presque complètement; appétit, plus de malaise après les repas,

sauf une légère sensation de gonflement; plus de mauvais goût dans la bouche, les éructations persistent sans goût et sans odeur, les extrémités se réchauffent, les forces reviennent; elle peut travailler tout l'hiver, bien qu'en se ménageant encore. Elle revint à Vichy un an après, ayant éprouvé depuis trois semaines une légère rechute, avec réapparition des douleurs cardialgiques et d'un sentiment général de fatigue.

Il nous paraît inutile de multiplier ces citations, qui montrent qu'il n'est pas toujours possible, à la fin d'un traitement à Vichy, de préjuger de ses résultats définitifs. Nous ajouterons seulement que, dans tous les cas dont nous avons parlé, les malades n'avaient fait aucun autre traitement, et n'avaient pas sensiblement changé leurs habitudes ou leur genre de vie.

Dans le plus grand nombre des cas, c'est pendant la cure elle-même que l'amélioration survient, et elle ne fait que se confirmer dans les périodes consécutives. En voici un exemple :

M. ***, de Lyon, propriétaire, âgé de 32 ans, présente tous les attributs extérieurs du tempérament nerveux. Depuis quelques années, il était en proie à une irritabilité nerveuse extrême, portant sur le moral comme sur le physique; en outre, constipation habituelle, malaises et fatigues fréquentes, tendances à l'hypocondrie. Une dyspepsie prononcée vint se joindre à cela dans l'hiver de 1848. Les digestions devinrent, non pas douloureuses, mais pénibles, lentes, insupportables; ce malaise commençait une demi-heure après le repas et se prolongeait plusieurs heures; constipation extrême, teint jaunâtre, grande maigreur, exagération de l'état nerveux habituel.

M. *** vint à Vichy au mois de juillet 1848. Il prit 30 bains, 10 douches ascendantes, et but de l'eau de l'Hôpital. Il se trouva beaucoup mieux dès la première moitié du traitement, et cette amélioration continua par la suite. Il revint à Vichy l'année suivante, toujours nerveux et impressionnable, mais ne se ressentant plus de rien de ce qui l'avait appelé à Vichy la première fois ; les digestions étaient bonnes ; il se ressentait à peine de loin en loin de la constipation passée. Les transpirations étaient beaucoup plus abondantes qu'auparavant.

Il arrive quelquefois que le traitement thermal n'améliore que l'état général des dyspeptiques, et ne modifie pas ou ne change qu'à un faible degré les phénomènes propres à la dyspepsie. Les faits de ce genre sont utiles à connaître, parce qu'ils mettent en relief le côté le plus important de la thérapeutique thermale.

D..., matelassier, au Donjon (Allier), âgé de 50 ans, atteint à plusieurs reprises de fièvre intermittente, assez adonné aux excès alcooliques dans sa jeunesse, n'ayant jamais été ni fort ni bien portant, était affecté de dyspepsie depuis 5 ans. Trois ou quatre heures après ses repas, il était pris de douleurs, avec sensation de brûlure et de déchirement à l'épigastre, allant rejoindre le rachis en ceinture. Ces douleurs ne duraient guère qu'une heure, à moins qu'il ne continuât de travailler : alors elles pouvaient se prolonger une journée entière. Des eaux très abondantes et insipides lui venaient souvent à la bouche ; des éructations inodores et insipides suivaient les repas. Il était habituellement constipé, avait toujours les pieds froids, pas d'appétit, et se trouvait plus malade par les temps froids et humides. Cependant, il ne souffrait jamais hors le temps des digestions. Il était maigre; il avait le teint jaunâtre, et se trouvait très affaibli.

Cet homme vint à Vichy en 1848; il prit 25 bains et but de l'eau de l'*Hôpital* et de la *grande Grille*. Les digestions parurent d'abord très améliorées. Mais voici dans quel état il se trouvait un an après. Depuis son retour de Vichy, il était beaucoup plus fort et mieux portant; des sueurs exagérées, auxquelles il était sujet, avaient diminué. Il avait encore le teint jaunâtre (pas les yeux); il éprouvait toujours des douleurs cardialgiques quatre heures après avoir mangé, surtout s'il travaillait; il était toujours constipé, rendait de temps en temps des eaux insipides par la bouche, n'avait presque jamais d'aigreurs. En un mot, il n'y avait qu'à peine un peu d'atténuation des symptômes dyspeptiques, mais une grande amélioration générale.

D... revint encore à l'hôpital de Vichy en 1850. Il se disait toujours beaucoup mieux portant qu'un an auparavant. Cependant il avait encore été, à plusieurs reprises, repris de symptômes dyspeptiques prononcés.

D..., maçon de la Dordogne, âgé de 36 ans, travaillait souvent avec excès, mais se trouvait très bien portant, quand, il y a vingt mois, il devint sujet à des vomissemens; presque toujours après ses repas, il était pris d'aigreurs pendant deux ou trois heures, de douleurs vives occupant tout l'épigastre, jusque dans les hypocondres, puis il vomissait ses alimens. Quelquefois les vomissemens tardaient jusqu'au lendemain, ou ne venaient pas du tout; alors il en résultait de telles souffrances qu'il ne pouvait rester au lit et se levait la nuit pour courir les chemins; les aigreurs étaient continuelles et insupportables, et les douleurs faisaient tout le tour du tronc. Il ne souffrait pas hors le temps des digestions, et l'épigastre, parfaitement souple et sonore, n'était même pas sensible à la pression. Constipation habituelle, un peu d'appétit, langue rose et naturelle, sueurs complètement supprimées. Il se nourrissait assez misérablement, et supportait mieux la soupe maigre et l'eau rougie qu'autre chose. Il vint à Vichy en 1848. Le teint était terne et pâle, la peau sèche, l'amaigrissement considérable, et la faiblesse telle que depuis un an il avait cessé tout travail et quittait à peine son lit. Il portait depuis quelque temps un séton à l'épigastre, qui ne lui avait fait aucun bien. Il prit 35 bains, et but de l'eau de l'*Hôpital* et du puits *Lardy*; il arriva une amélioration prononcée dans les vomissemens, les douleurs et les aigreurs; des sueurs abondantes. Mais huit jours avant la fin du traitement, les vomissemens reparurent; il s'y joignit du dévoiement, et le malade partit comme il était venu.

D... revint à Vichy en 1849. Les vomissemens avaient continué, bien qu'un peu moins fréquens; il était encore pris, aussitôt après avoir mangé, d'aigreurs, de tortillemens d'estomac un peu moins violens, puis de vomissemens au bout d'une couple d'heures; il y avait toujours de la constipation ou de la diarrhée. Il digérait mieux la viande et le bouillon que le reste. Les sueurs n'avaient pas continué. Cependant il se trouvait beaucoup mieux; la figure était pleine, le teint coloré, un peu d'embonpoint avait reparu; il pouvait travailler le matin à jeun, et quelquefois un peu après les repas.

Il prit encore 30 bains, et partit mieux portant encore, ne vomissant presque plus; des sueurs se montrèrent de nouveau.

Nous nous servons du mot *amélioration* plutôt que du mot *guérison*, quand nous parlons des effets consécutifs des eaux. C'est qu'en effet, ainsi que nous l'avons dit ailleurs, les eaux minérales disposent plutôt à la guérison qu'elles ne guérissent elles-mêmes. Adressées le plus souvent à des états cachectiques plus ou moins profonds, mais toujours assez anciens, car on ne se résout en général que tardivement à aller aux eaux minérales, appliquées à des individus allant presque toujours, au sortir de leur traitement, retomber dans des conditions hygiéniques qui n'étaient pas étrangères au développement de leur maladie, les cas où elles peuvent exercer une action curative déterminée sont certainement les plus rares.

Cette proposition, que les eaux minérales améliorent beaucoup plus souvent qu'elles ne guérissent, n'est pas de nature à déprécier leurs vertus : c'est précisément parce que nous avons été à même d'apprécier l'étendue des ressources qu'on en peut tirer, que nous tenons à n'en pas dépasser les limites. Il suffit du reste de réfléchir un peu, pour reconnaître que la part que nous leur attribuons dans la cure des maladies chroniques est la plus importante, et surtout la plus difficile à obtenir par d'autres moyens (1).

Sur les 29 observations dont nous venons d'étudier les résultats, deux malades seuls ont été retrouvés dans un état absolu de guérison ; 7 autres pouvaient à-peu-près se considérer comme guéris ; 14 présentaient une amélioration, toujours importante, portant, comme nous l'avons vu, sur tels ou tels de leurs symptômes, mais toujours sur les conditions générales de l'économie. Chez les 5 derniers, il y avait eu une rechute qui, pour l'un d'eux, ne datait que de trois semaines, et succédait à une année de santé presque parfaite.

Maintenant, quelle a été, chez tous les dyspeptiques observés par nous à Vichy, la proportion des rechutes, ou des améliorations persistantes, ou des guérisons ob-

_____

(1) Nous extrayons d'un mémoire de M. Dassier, professeur à l'école de médecine de Toulouse, sur *l'emploi des eaux thermales sulfureuses, comme élément essentiel du traitement de la syphilis constitutionnelle*, le passage suivant : « L'action physiologique des eaux thermales est une action essentiellement stimulante, qui se manifeste après quelques jours de leur usage, par une excitation de tout l'organisme ; toutes les fonctions de l'économie sont accélérées, et particulièrement celles de dépuration ; la peau, les reins, le foie, l'intestin, l'organe pulmonaire, sont tour à tour impressionnés, et le degré de cette impression se juge ordinairement par l'augmentation dans les produits excrétés ; et, dans l'espèce qui nous occupe, les eaux sulfureuses agissent en tonfiant les organes, en rétablissant leur jeu normal, et non par une vertu spécifique que rien jusqu'ici n'a démontré... Elles aident à la guérison, elles ne guérissent pas... » (*Union médicale*, du 25 février 1851.) Nous sommes heureux de nous être ainsi rencontré, jusque dans l'expression même, avec un observateur distingué.

tenues, ce serait fort intéressant à savoir. Mais l'étude du mode d'action du traitement thermal et des indications qui peuvent le réclamer n'a pas nécessairement besoin de ces données fort difficiles à obtenir.

Après avoir complété, par des exemples, les détails dans lesquels nous étions entré touchant les modifications imprimées par le traitement thermal de Vichy aux fonctions, morbides ou physiologiques, des dyspeptiques, il ne nous reste qu'à résumer les points les plus saillans de ce travail.

La médication que constituent les eaux de Vichy comporte l'emploi de l'eau minérale en boisson, en bains et en douches. On comprend quelle distance sépare un pareil traitement de l'usage que l'on peut faire de l'eau de Vichy transportée. Celle-ci, privée de sa thermalité, dépouillée de la plus grande partie de ses gaz, d'une partie des sels peu solubles qu'elle renfermait, et probablement de toute la matière organique, dont les transformations n'ont pas encore été suffisamment étudiées, se trouve à-peu-près réduite à une dissolution de bicarbonate de soude, difficilement tolérée à jeun par beaucoup de personnes; elle est surtout employée aux repas.

A Vichy, il en est autrement : prise le matin, alors que l'estomac est vide encore d'alimens, par faibles quantités, s'il le faut, mais fractionnée de distance en distance, de manière à ce que son contact avec la muqueuse se prolonge le plus long-temps possible, elle stimule manifestement cette dernière, par une double action et sur sa vitalité et sur ses sécrétions, double action dont il sera toujours difficile de faire avec exactitude la part réciproque.

On rencontre souvent dans la dyspepsie des sécrétions acides exagérées. Peut-être l'action neutralisante de l'eau de Vichy n'a-t-elle pas même alors autant d'importance qu'on lui en attribue généralement. D'abord le passage de l'eau de Vichy dans l'estomac est de courte durée, et ne pourrait agir que sur les sécrétions actuellement existantes, ce qui ne serait pas un bien grand avantage ; mais il ne s'agit pas, pour soulager les dyspeptiques, de neutraliser les acides qui se forment dans l'estomac, à mesure qu'ils se produisent : il s'agit de les empêcher de se former. Ce qu'il importe donc, c'est de changer les conditions morbides sous l'influence desquelles un excès d'acide se produit, lesquelles ne sont pas des conditions chimiques, mais des conditions vitales ; car, que les acides de l'estomac soient en défaut ou en excès, il faut toujours remonter à un *établissement organique vicieux*, suivant l'expression de Bordeu, auquel se rattache ce vice de sécrétion. Ce qui prouve qu'il en est ainsi, c'est que les aigreurs, les éructations acides des dyspeptiques, ne sont pas le symptôme qui disparaît le plus facilement à Vichy : elles se reproduisent parfaitement pendant la durée du traitement, chez les malades le mieux alcalisés ; et dans le petit nombre de faits que nous avons cités dans ce travail, on en a vu où ce symptôme persistait, malgré les résultats du reste favorables de la cure. Un autre exemple prouvera combien il faut se garder d'opposer sans examen les qualités chimiques des agens introduits dans nos organes aux fonctions dévolues à ces derniers.

M. Petit prétend que, puisque le principe acide du suc gastrique est nécessaire pour dissoudre les substances animales, il ne faut pas boire d'eau de Vichy ni aucune eau alcaline aux repas ni pendant le travail de la digestion stomacale, lorsqu'on fait usage de la viande, parce qu'on a alors besoin des acides que renferme l'estomac, etc. (1). Or, il arrive que précisément les alcalins, pris en faible quantité, il est vrai, ont pour effet d'augmenter la production du suc gastrique (agent essentiel de la digestion des viandes et des alimens azotés), tandis que les acides diminuent la production de ce fluide (2). Et d'ailleurs, ce fait d'observation banale, mais positive, que l'usage des pastilles de Vichy ou de l'eau de Vichy pendant ou après les repas, facilite la digestion de la viande, n'a-t-il pas plus d'importance par lui-même qu'une théorie sur la rencontre des alcalins et des acides dans l'estomac?

Si les sécrétions acides si essentielles à la digestion stomacale sont favorisées par l'eau de Vichy, il est probable que les sécrétions alcalines nécessaires à la digestion intestinale le sont également. Si nous manquons d'expériences précises à ce sujet, au moins constatons-nous tous les jours que cette seconde partie de la digestion n'est pas moins facilitée que la première par l'usage

---

(1) *Du Mode d'action des eaux de Vichy,* p. 75.

(2) Bernard : *Mémoire sur le suc gastrique, et son rôle dans la nutrition* (Gazette médicale, janvier 1844); et *Supplément au Diction. des Diction. de Méd.,* 1851, art. *digestion.*

de ces eaux. On connaît encore la spécialité d'action des eaux minérales en général et de celles de Vichy en particulier, sur la sécrétion de la bile ; cette circonstance ne serait-elle pas le résultat de l'absorption des parties essentielles des eaux par la veine porte, voie d'élection, comme on le sait, des principes minéraux introduits dans les voies digestives?

L'eau minérale que nous venons de voir employée à stimuler la surface des premières voies de la digestion, et à agir sur les sécrétions acides (physiologiques) de l'estomac et probablement sur les sécrétions intesti-nales, est absorbée dans son trajet comme les autres boissons, passe presqu'en totalité dans la veine porte, et enfin est en partie éliminée par les voies uri-naires. Il ne faut pas voir toujours, dans le fait de l'al-calisation de l'urine, la preuve de l'alcalisation générale des humeurs. C'est là un phénomène d'élimination, fa-cile à constater, et semblable à celui que nous observons à propos de beaucoup de substances alimentaires, ou médicamenteuses, ou toxiques. L'eau de Vichy commu-nique à l'urine son caractère d'alcalinité, comme les asperges leur principe odorant, et avec la même rapi-dité : au moins, si nous avons constaté que l'urine de la nuit, chez les malades soumis au traitement par les eaux de Vichy, se présente avec des qualités alcalines très-variables et quelquefois nulles (1), avons-nous toujours

---

(1) *Mémoire sur les réactions acides ou alcalines des urines des malades soumis au traitement par les eaux de Vichy.* (Revue médicale, mai-juin 1849.)

trouvé très-alcaline l'urine des buveurs d'eau , à l'heure même où ils boivent, et où ils présentent, presque sans exception , une augmentation passagère de la sécrétion urinaire. La peau , dont un certain nombre d'individus voient aussi les sécrétions devenir alcalines , n'est-elle pas également une voie d'élimination des principes minéralisateurs de l'eau de Vichy ?

Maintenant, cette pénétration de l'eau de Vichy par les voies digestives , pénétration qui se manifeste par l'action exercée sur les sécrétions du foie , des reins , de la peau , etc. , on la complète par l'usage des bains : ici, nous avons encore un double effet, stimulation directe de la peau , pénétration dans l'économie. Autant en dirons-nous des douches ascendantes; quant aux douches extérieures, elles n'ont guère qu'une action de stimulation; la part d'absorption qu'elles peuvent déterminer est presque nulle , ou au moins très peu importante.

Nous venons , après avoir indiqué les parties de cette médication qui s'exercent principalement sur les phénomènes locaux de la dyspepsie , d'atteindre ceux qui agissent spécialement sur les conditions générales de la maladie. Nous avons ainsi indiqué les moyens, qu'on nous permette une expression un peu triviale, de prendre la maladie par les deux bouts.

Nous n'avons plus besoin d'insister sur la nécessité d'un traitement général dans la dyspepsie, et sur la partie essentielle du rôle que jouent, dans la cure de cette maladie, les eaux de Vichy. Il nous resterait à prouver que, partout ailleurs qu'à Vichy, c'est spécialement par cette action générale que les eaux minérales modifient favorablement l'état des dyspeptiques; que partout, suivant l'expression d'un de nos collègues les plus distingués des eaux minérales, « on voit les malades, avant même d'apprécier un mieux du côté de l'estomac, avant d'avoir pu augmenter leur alimentation, sentir déjà un bien-être général des plus manifestes (1). » Mais nous nous réservons de rapprocher, dans un autre chapitre, les différentes eaux thermales les unes des autres, et de mettre encore en évidence, par cette étude comparative, l'insuffisance des théories chimiques auxquelles on a demandé si souvent une explication exclusive de leurs propriétés thérapeutiques.

DE LA GOUTTE, DE SA NATURE ET DE SON TRAITEMENT PAR LES EAUX DE VICHY.

I.

S'il est des maladies *sine materiâ*, c'est-à-dire dans lesquelles il est impossible de saisir quelques changemens susceptibles d'être soumis à notre analyse, il est certain que la plupart laissent après elles des résultats

______

(1) De Crozant : *De l'emploi des eaux minérales de Pougues dans le traitement de quelques maladies de l'estomac*, etc., 1846.

ou des produits matériels développés pendant leur cours.

Qu'il s'agisse, par exemple, de sécrétions albumineuses ou fibrineuses, opérées à la surface de membranes séreuses ou muqueuses enflammées, ou de principes chimiquement beaucoup plus simples, tels que les reins en sécrètent avec l'urine, dans la gravelle, ou bien au contraire de ces produits complexes et plus difficiles à définir qui constituent le cancer, le tubercule, nous constatons, à la suite ou dans le cours de ces maladies, que des changemens se sont opérés dans la constitution chimique de certains organes ou de certaines parties de l'économie; et ces changemens, tantôt il nous est possible d'en reconnaître la nature, tantôt il nous est permis seulement d'en constater l'existence.

Il ne peut sans doute qu'être fort intéressant de suivre la filiation des phénomènes au moyen desquels les modifications vitales et organiques qui constituent une maladie, sont venues aboutir à tel ou tel résultat. Mais ce serait une erreur que de voir, dans la nature chimique de ce dernier, l'image des conditions sous l'influence desquelles la maladie a pu naître et se développer. De même que les acides et les sels que nous rencontrons dans les fruits à l'état de maturité, s'y sont formés de toutes pièces, par suite de l'évolution physiologique de leur développement, de même les produits chimiques que laissent après elles certaines maladies se sont formés par suite de l'évolution morbide de leurs périodes successives, et il y a souvent bien loin de ces *résultats pathologiques* aux phénomènes qui ont originairement conduit à leur formation.

. Ces réflexions sont surtout applicables à la *goutte*, maladie à propos de laquelle on a fait, dans certaines théories, abstraction complète des conditions vitales et organiques qui se trouvent mises en jeu dans toute évolution morbide, pour en considérer uniquement les résultats et les produits matériels, de manière à en arriver à définir une des maladies les plus complexes, et encore les plus indéfinissables que nous connaissions, par une simple formule chimique.

Nous allons essayer de replacer sous un meilleur jour l'histoire de la goutte, fort défigurée par la médecine chimique, et de mettre le lecteur au courant de travaux modernes, encore peu connus en France, mais très-importans pour cette étude.

La première partie de ce travail sera donc principalement critique. Dans la seconde, exclusivement pratique, nous appliquerons les notions que nous aurons exposées, aux indications que réclame le traitement de la goutte, et spécialement le traitement par les eaux minérales, en particulier celles de Vichy.

Nous avons spécialement en vue, dans ce travail, la goutte franche, régulière, articulaire, cette maladie qui, développée sous une influence diathésique, souvent héréditaire, se manifeste par des accès d'une forme déterminée, d'abord aux petites articulations (*dolens admodum ægritudo circa ligamenta ossium pedis, et circa juncturas horum, vere et autumno maximè revertens* (1), puis souvent à toutes les jointures, accès

___

(1) Boerhaave, *Aphorisme,* 1254.

d'abord éloignés et de courte durée, souvent ensuite très-longs et très-rapprochés, laissant ordinairement pour traces un engorgement de plus en plus difficile à résoudre, ou même indéfiniment persistant, et quelquefois des dépôts tophacés, durs et crayeux. Nous laisserons de côté, pour ne pas compliquer les questions que nous allons soulever, ces cas de goutte ou très-légère, ou bien au contraire chronique, permanente, avec déformations variées, dont le diagnostic est souvent fort difficile à établir avec certitude, et qui ont certainement introduit dans l'histoire de la goutte des faits qui ne lui appartiennent pas d'une manière légitime.

II.

Il y a long-temps que certaines conditions chimiques, reconnues ou présumées dans les humeurs des goutteux, et la nature des concrétions que présentent les articulations d'un certain nombre d'entr'eux, ont fixé l'attention des médecins et des chimistes.

Berthollet, inexactement cité par Guilbert (1) et par M. Petit (2), avait observé « que les urines de ceux qui sont sujets à la goutte et aux rhumatismes contiennent habituellement beaucoup moins d'acide phosphorique que celles des personnes qui jouissent d'une bonne santé ; mais que, pendant l'accès de goutte, leurs urines

---

(1) Guilbert : *De la Goutte et des maladies goutteuses*, 1820, p. 96

(2) Petit : *Du mode d'action des eaux minérales de Vichy*, 1850, p. 529.

contiennent beaucoup plus d'acide phosphorique qu'à l'ordinaire, quoiqu'elles n'en contiennent pas plus que l'urine d'une personne robuste (1). » Berthollet supposait, d'après cette observation, que chez les goutteux et les rhumatisans, l'acide phosphorique ne s'évacue pas aussi bien par les urines que chez les personnes saines, qu'il s'égare pour ainsi dire : mais quand il est accumulé à un certain point, il produit une irritation d'où naît une réaction qui repousse cet acide en partie vers les extrémités, en partie vers les urines (2). On a appliqué plus tard à l'acide urique ce que Berthollet disait de l'acide phosphorique. Antoine Petit avait trouvé que la sueur des goutteux pouvait être alcaline (3); et Hoffmann avait raconté l'histoire d'un homme portant au doigt un anneau composé de mercure, de soufre et de tutie, lequel se colorait passagèrement en noir pendant la durée de ses attaques de goutte.

C'est, à ce qu'il paraît, un chimiste anglais, Tennant, qui a le premier démontré, dans les concrétions arthritiques, la présence de l'urate de soude (4). L'existence de ce sel y fut ensuite reconnue par Wollaston et

---

(1) Guilbert et M. Petit font dire au contraire à Berthollet, que l'urine perdait de son acidité pendant l'incubation et même pendant la durée des accès de goutte, et ne la retrouvait qu'à la fin des accès.

(2) Berthollet : *Précis d'observations sur l'analyse animale, comparée à l'analyse végétale,* dans *Journal de Médecine,* etc., 1786, t. LXVII, p. 469.

(5) Guilbert, *loc. cit.,* p. 97.

(4) *Journal de Physique,* t. XIV, p. 599.

Pearson, en Angleterre, et par Fourcroy et Vauquelin, en France. Vauquelin trouva qu'outre l'urate de soude, qui en formait la plus grande partie, elles renfermaient encore de l'urate et du phosphate de chaux (1). M. O. Henri, plus récemment, a trouvé, dans une matière blanchâtre, gluante, recueillie à la surface de la peau, des traces d'urate de soude, beaucoup d'albumine, des acides lactique et phosphorique, du chlorure de sodium et du phosphate de chaux (2).

Ces différentes observations ont fourni matière à des théories de la goutte, dans lesquelles l'importance exclusive qu'on a attribuée à quelques phénomènes chimiques plus ou moins bien constatés, nous paraît avoir singulièrement défiguré cette maladie. Nous voulons parler des théories de M. Petit et de M. Turck, dont il nous faut dire ici quelques mots.

M. Petit, s'appuyant sur les observations que nous avons rapportées tout à l'heure, et insistant surtout sur l'acidité des sueurs et des urines (avec **M. Patissier**), sur les sécrétions acides de l'estomac, que l'on remarque dans la goutte, sur la part que prend, dans le développement de cette maladie, la diminution de la perspiration cutanée, voie physiologique d'élimination de l'acide urique (3), sur les causes ordinaires de la goutte, ainsi

---

(1) Guilbert, *loc. cit.*, p. 97.

(2) Petit, *loc. cit.*, p. 525.

(3) Personne, à notre connaissance au moins, n'a jamais dit, et surtout montré, que la peau fût une *voie physiologique d'élimination de l'acide urique.* On a supposé seulement que c'était sous forme

l'excès d'une alimentation azotée, sur la coïncidence fréquente de la goutte et de la gravelle, et sur la communauté des causes de ces deux maladies, conclut de tout cela : « que la cause de la goutte consiste en ce que le sang contient un excès d'acide urique, ou des élémens qui servent à le former (1) ». La nature des concrétions, « ce résultat des accès de goutte, prouve qu'il s'est produit dans la partie malade une action chimique ; qu'il s'y est fait une combinaison de l'acide urique apporté là par la circulation, avec la soude que le sang contient naturellement, et qu'il rencontre ainsi particulièrement, et en assez grande proportion, dans la synovie, qui lubrifie ces articulations et les gaînes tendineuses (2) ».

Il y a quelque chose de vrai dans les faits avancés par M. Petit. Le docteur Weatherhead avait déjà soupçonné, en 1834 (*synopsis of nosology*), la présence de l'urée, sous quelque forme que ce fût, dans le sang des goutteux (3). Le docteur Copland écrivait, quelques années après, qu'il y avait des raisons de supposer que l'urée ou l'acide urique pouvait exister dans le sang, d'où il se déposait dans différentes parties du corps, et particuliè-

---

d'ammoniaque que l'azote s'échappait par la peau : mais sans le prouver autrement qu'à l'aide d'expériences fort contestables. M. Petit aurait dû nous dire sur quel fondement il appuyait cette assertion physiologique.

(1) Petit, *loc. cit.*, p. 526.

(2) Petit, *loc. cit.*, p 259.

(3) *The London medical Gazette*, 1837, t. xx, p. 511.

rement dans les différentes articulations (1). Mais, comme le faisait alors remarquer M. Rayer, ce n'était là qu'une opinion ingénieuse et non point un fait démontré (2). Cependant, nous verrons plus loin que la présence de l'acide urique, dans le sang des goutteux, paraît avoir été constatée expérimentalement en 1848, par un médecin anglais. Si donc M. Petit s'était borné à émettre une telle supposition, il se serait trouvé dans le vrai. Mais au lieu de s'en tenir là, M. Petit a cru que cet acide urique, qui pour lui caractérise la goutte, était toute la maladie, et que la neutralisation de cet acide par les alcalins en constituait tout le traitement. Il résulte, en effet, très clairement, des mémoires publiés par M. Petit, en 1835 et en 1838, et reproduits à peu près textuellement en 1850, que, pour ce médecin, toute la pathologie et toute la thérapeutique de la goutte sont renfermées dans ces deux termes. M. Petit a tout simplement pris pour la goutte un des phénomènes qui s'y rencontrent. Cependant, Cullen avait déjà averti ceux qui attribuaient la goutte à l'existence d'une matière morbifique, que cette matière était l'*effet* et non la *cause* de la maladie (3).

M. Turck, de son côté, considère les choses tout autrement que M. Petit. Tandis que ce dernier ne voit que

---

(1) Copland : *Dictionnary of practical medecine*, 1837, t. i, p. 188, art. BLOOD.

(2) Rayer : *Traité des maladies des reins*, 1839, t. i, p. 255.

(3) Cullen : *Elémens de médecine pratique*, traduction de Bosquillon, 1785, t. i, pag. 528.

des acides dans la goutte, M. Turck y voit surtout des alcalis. « La goutte, dit-il, dépend uniquement du défaut d'équilibre entre les sécrétions acides et les alcalines, défaut tel que les alcalines l'emportent sur les autres et tendent à faire sortir de la masse des humeurs plus de matières alcalines qu'il ne faudrait, et à y conserver des acides en trop grande proportion (1) ». Cependant, MM. Turck et Petit sont d'accord sur un point, c'est sur la présence inopportune d'acides dans le sang. Mais cet accord est fort limité, car l'acide urique, dont la présence *cause* la goutte, suivant M. Petit, M. Turck ne voit pas qu'il ait rien à faire dans la goutte, « car si le sang renfermait la moindre quantité d'azote en excès, dit-il, ce ne serait plus du sang (2) ». D'un autre côté, tandis que c'est de l'excès d'acidité des sécrétions que M. Petit avait déduit la présence d'acides dans le sang, c'est précisément de l'amoindrissement des sécrétions acides et de la prédominance des sécrétions alcalines, que M. Turck conclut à l'excès d'acidité des humeurs des goutteux.

Mais arrivons à des observations plus importantes.

Le docteur Garrod, reconnaissant que les goutteux présentaient des caractères que l'on pouvait attribuer à l'existence d'une *diathèse urique*, voulut s'assurer si l'acide urique, dont la présence dans le sang n'avait jamais été prouvée, était réellement *materies morbi*, ou

---

(1) Turck : *Traité de la goutte et des maladies goutteuses,* 1857, p. 159.

(2) Turck, *loc. cit.*, p. 159.

s'il en était seulement l'accompagnement occasionnel. Ce médecin institua donc des expériences desquelles il paraît résulter (*they appear to show that*) (1) :

1° Que le sang dans la goutte contient de l'acide urique sous la forme d'urate de soude, lequel sel peut en être obtenu sous formes cristallines;

2° Que l'acide urique est diminué dans l'urine, immédiatement avant le paroxysme goutteux;

3° Que chez les malades sujets à la goutte chronique avec dépôts tophacés, l'acide urique est toujours présent dans le sang et manquant dans l'urine, soit d'une manière absolue, soit relativement aux autres matières organiques, et que les dépôts crayeux paraissent dépendre d'une action, au dedans et autour des articulations, supplétive (*vicarious*) de la fonction des reins, laquelle consiste à excréter l'acide urique;

4° Que le sang dans la goutte renferme quelquefois un peu d'urée et point d'albumine.

Les expériences de M. Garrod sont trop importantes et pour l'histoire de la goutte, et pour la physiologie, pour que nous n'en reproduisions pas les principaux détails, d'autant plus que ce travail paraît être demeuré tout-à-fait inconnu en France.

Voici comment s'y est pris M. Garrod pour démontrer la présence de l'acide urique dans le sang. Je traduis littéralement le procédé qu'il a suivi.

---

(1) Docteur Garrod : *Observations on certain pathological conditions of the Blood and urine, in gout, rheumatism and Bright's disease; in medico-chirurgical transactions,* 1848, t. XXXI, p. 85.

Le premier sujet de ses expériences, faites pour la plupart à l'hôpital du collège de l'Université, fut un homme, sujet depuis plusieurs années à des attaques répétées de goutte et portant quelques dépôts crayeux aux doigts et dans quelques autres parties. Plusieurs articulations de la main droite étaient alors enflammées, et plusieurs jours après, de nouveaux dépôts tophacés commencèrent à s'y opérer.

Ce malade fut saigné. Le caillot petit, ferme, présentait à sa surface une couenne mince, comme lorsqu'il existe une légère inflammation. Le sérum était *très-alcalin*; sa pesanteur spécifique était de 1028.

1000 grains de ce sérum furent pris et évaporés, jusqu'à siccité, au bain-marie. Le résidu, pesé et [traité par l'alcool rectifié, fut soumis à l'ébulition pendant 10 ou 15 minutes, traité encore de la même manière, et la solution alcoolique mise de côté pour être examinée. Après avoir encore lavé avec l'alcool, le sérum desséché fut épuisé au moyen d'eau distillée bouillante, l'opération étant répétée cinq ou six fois et les solutions aqueuses mêlées.

Quand une petite quantité de ce fluide eut été évaporée avec l'addition d'acide nitrique, et ensuite exposée à la vapeur d'ammoniaque, la présence de l'acide urique se manifesta d'une manière évidente par une belle teinte pourpre de *murexide,* ou purpurate d'ammoniaque.

La solution aqueuse fut alors évaporée jusqu'à ce qu'elle devînt un peu épaisse, et quand elle fut refroidie, acidulée avec de l'acide hydro-chlorique pur. Au bout de quelques heures, il se déposa des cristaux d'acide urique, qui furent lavés avec de l'alcool et pesés. 1000 grains de sérum donnèrent 0,050 grammes d'*acide urique*.

On prit 1000 grains de sérum sur une autre quantité de sang tirée peu de temps après la première, et on les traita de la même manière, si ce n'est qu'on n'y ajouta pas d'acide hydro-chlorique. On laissa reposer pendant quelques heures la solution aqueuse, et on trouva une quantité *innombrable* de cristaux déposés sur les parois du vase et à la surface du liquide. On reconnut que ces cristaux étaient de l'*urate de soude*, car ils pouvaient fournir de l'acide urique cristallisé, et laisser une cendre alcaline, soluble dans l'eau, et qui n'était pas de la potasse.

1000 grains de sérum donnent, *urate de soude*, 0,050 grammes.

On trouve, dans d'autres analyses :

Sérum.. 1000 grains, — acide urique... 0,025.
    Idem,   — acide urique... 0,045.
    Idem,   — acide urique... 0,030.

Les urines examinées pendant les attaques de goutte, bien que présentant une *réaction acide considérable*, n'offrirent pas de traces d'acide urique.

Même dans l'intervalle des attaques, chez le malade dont nous avons reproduit avec détails l'analyse du sang, l'urine ne contenait pas d'acide urique, comme si, dit le docteur Garrod, les reins avaient presqu'entièrement perdu le pouvoir de sécréter l'acide urique, mais non les parties solides de l'urine.

En effet, cette urine présentait, sur 1000 parties :

Urée....	12,5
Autres composés organiques	13,5
Sels fixes	5,5
	31,5

Les dépôts goutteux paraissent avoir été étudiés avec soin par M. Garrod. Fluides dans le principe, ils lui ont présenté, dans toutes les parties du corps, une grande quantité de cristaux d'urate de soude, unis en masse. L'apparence, au microscope, d'une goutte de ce fluide répandu sur la peau du malade dont il a été déjà question, et d'une goutte de solution aqueuse de son sérum fut presqu'identique. « Il paraît donc que, lorsque les reins ont perdu la faculté d'excréter l'acide urique, les parties qui environnent les articulations peuvent les suppléer dans cette fonction. »

Mais ce n'est pas tout. M. Garrod voulut voir si l'acide urique ne se rencontrait pas aussi dans l'état de santé. Il analysa le sang de plusieurs individus saignés pour de légères indispositions, et qu'on pouvait à peine dire malades, et il trouva : deux fois 0,010 gr. d'acide urique, une fois 0,007 gr., une autre fois des traces seulement. Il n'en trouva pas dans l'urine du pigeon et du mouton. « Il paraît donc, d'après cela, que, dans l'état de santé ou à-peu-près, l'acide urique peut être découvert dans le sang ; peut-être sa quantité peut-elle varier suivant le temps écoulé depuis le dernier repas. Il paraît aussi que, lorsque la fonction d'excrétion de l'urine s'accomplit bien, on n'en rencontre pas, bien que, comme dans le cas des oiseaux, la proportion d'acide urique, formée dans l'économie, soit très-grande. » M. Garrod n'a pas rencontré plus d'acide urique dans le sang, dans le rhumatisme aigu, que dans l'état de santé, et point d'urée.

Les résultats qui dominent dans ces intéressantes recherches, sont : la constatation de la présence de l'acide urique dans le sang des individus en bonne santé, comme dans celui des goutteux, et la disparition de l'acide urique de l'urine chez ces derniers. Nous signalerons en passant que le sang contenant de l'acide urique présentait une réaction alcaline prononcée, et que l'urine privée d'acide urique offrait une acidité très marquée.

La présence de cet acide dans le sang des goutteux n'aurait donc point par elle-même de caractère de spécificité; ce ne serait qu'une affaire de quantité. Le docteur Garrod s'est bien gardé, du reste, quand il l'a eu constatée, d'en conclure que c'était là toute la maladie. En effet, une question se présente nécessairement ici : quelle est l'origine de cet acide urique? La déviation de fonction, c'est-à-dire l'insuffisance de la sécrétion urique par les reins, n'est certainement qu'un des élémens du problème : dans tous les cas, les expériences que nous connaissons sur ce point spécial ne sont point encore assez nombreuses pour être généralisées.

Qu'est-ce que la formation d'acide urique dans l'économie? C'est un phénomène de nutrition.

Quelle est l'origine de l'azote qui sert à faire cet acide urique? C'est l'alimentation.

C'est donc dans l'analyse des phénomènes propres à la digestion et à la nutrition, que nous pourrons trouver le mécanisme de la production de l'acide urique rencontré dans le sang des goutteux, et quelquefois en si grande quantité dans d'autres parties du corps (1).

III.

Nous ne saurions mieux faire, dans ce but, que d'exposer ici les résultats les plus importans des recherches récentes sur la chimie de la nutrition, dues aux Allemands et surtout à Liebig, qui a tant fait pour la chimie physiologique, ainsi qu'à M. Dumas. Sans doute, parmi ces résultats, plus d'un peuvent être encore contestables et contestés, et il faut procéder avec une grande réserve dans les déductions que l'on en tire. Cependant, comme nous ne prétendons nullement offrir ici une théorie de la goutte, mais seulement exposer des matériaux qui peuvent servir à l'étude de cette maladie, et présenter les points de vue propres à guider le plus sûrement dans son traitement; comme, en outre, les faits principes qu'il nous importe surtout de connaître sont aujourd'hui généralement admis, nous pensons que les détails sui-

---

(1) Ce n'est pas directement que l'azote introduit dans la circulation par les alimens contribue à former l'acide urique trouvé dans le sang des goutteux. Les matériaux introduits par l'alimentation dans la circulation, se rendent directement dans le cœur droit, puis dans le système pulmonaire, reviennent dans la grande circulation par le système à sang rouge, et ne retournent dans la portion du système veineux, où l'analyse les retrouve, qu'après avoir subi en dernier ressort les changemens qui constituent la nutrition.

vans seront considérés comme d'une haute importance pour l'histoire de la goutte (1).

Les alimens, dont les trois principes constituans *azotés* sont la fibrine, l'albumine et la caséine, pouvant tous pareillement se résoudre en *protéine*, qu'ils proviennent des animaux ou des plantes, sont convertis en sang. Celui-ci est destiné à remplir les objets suivans :

1° Absorber, au moyen de sa constitution globulaire, l'oxygène de l'air inspiré dans la respiration, pour porter cet élément important dans tous les capillaires du corps, où il s'unit au carbone résultant de l'usure des organes, et forme, avec production de chaleur, de l'acide carbonique, lequel est ensuite éliminé par les poumons et par la peau ;

2° Fournir, au moyen des organes de sécrétion, de nouveaux matériaux à la place de ceux qui ont été consumés ;

3° Chasser au dehors l'azote (l'hydrogène se combinant avec une certaine proportion d'oxygène, pour former une partie des vapeurs aqueuses exhalées dans la respiration, et des produits aqueux éliminés par d'autres voies), et outre l'azote, qui s'échappe par les reins et par la peau, certaines matières salines et terreuses dont l'économie n'a plus besoin, et qui par conséquent ne seront plus résorbées.

---

(1) Nous empruntons cet exposé de la théorie de Liebig sur la nutrition, à un ouvrage très intéressant sur la diététique, *A treatise on diet and regimen*, by W. L. Robertson, London, 1847, t. i. Voyez encore : Liebig, *Lettres sur la chimie*, 1845, lettres XVII, XVIII et XIX, et Bérard, *Cours de physiologie*, 1848, t. i, p. 575 et suiv.

Il est excessivement probable que c'est par l'*usage* que nos organes se détruisent, et qu'en se détruisant, ou en s'usant, ils produisent du carbone et de l'azote. Il est très probable que lorsque nous nous servons d'un organe, ainsi du cerveau, par exemple, et des nerfs dans la sensation et la volition, des muscles dans le mouvement, nous effectuons la dissociation et la dépense partielle de certains de leurs atômes composans, et ainsi la production de carbone et d'azote (nitrogène).

L'usure des organes, c'est-à-dire leur dépense en carbone et en azote, en d'autres termes, leur *usage*, est donc nécessaire pour faire de la place au carbone et à l'azote introduits par les alimens; d'un autre côté, l'introduction de carbone et d'azote, au moyen des alimens, est donc nécessaire pour remplacer le carbone et l'azote produits par l'*usage* des organes.

Il faut déduire de cela l'utilité d'une vie très-active, quand on introduit beaucoup d'alimens azotés, comme il arrive pour les animaux carnivores, et l'utilité d'une nourriture azotée et substantielle, quand on mène une vie très-active.

Maintenant il y a des alimens qui ne comportent pas cette même nécessité de l'usure des organes, c'est-à-dire de l'exercice, en même temps qu'ils n'apportent pas les mêmes élémens de réparation. Ce sont des principes végétaux non azotés, ainsi le sucre, l'amidon, lesquels ne paraissent pas servir à réparer ou renouveler les tissus musculaires ou autres azotés, mais seulement à fournir une source où puisse être puisé le carbone libre et nécessaire à la respiration , c'est ce que Liebig a appelé *alimens respirateurs* (1).

On comprend comment, suivant ce point de vue, un défaut de proportion entre l'usure des organes et certaine alimentation , c'est-à-dire entre le dégagement du carbone et de l'azote et l'introduction de ces mêmes principes, sera l'origine d'une sorte d'encombrement, d'accumulation de ces principes , et nous arrivons ainsi à ce que l'on pourrait peut-être appeler *diathèse azotée*, c'est-à-dire l'existence d'un excès d'azote dans l'économie. Nous allons voir jusqu'à quel point il est permis de suivre la transformation de cet azote en acide urique.

Cette accumulation d'azote ou de principes azotés peut donc provenir ou d'un excès de principes azotés introduits du dehors, ou d'une insuffisance de dégagement de l'azote existant déjà dans nos tissus, ou de ces deux conditions en même temps.

Nous avons vu que c'est sous la forme d'acide carbonique et d'eau que le carbone et l'hydrogène, renfermés dans nos tissus, s'échappent par les voies qui leur sont ouvertes; c'est sous forme d'acide urique et d'urée que l'azote s'échappe de son côté. Pour toutes ces formations, pour l'issue du carbone , de l'hydrogène et de l'azote, il faut donc toujours de l'oxygène. Ce dernier principe ne joue donc pas un rôle moins direct dans la nutrition que ceux dont nous avons essayé tout-à-l'heure de suivre les mouvemens, et dont nous exposons ici les transformations.

----

(1) Liebig : *Lettres sur la Chimie.*

Eh bien , c'est dans le degré de suffisance , ou au contraire d'insuffisance de l'oxygène, que nous allons trouver une explication de la formation de l'acide urique et de la diathèse urique. Nous ne nous dissimulons pas que, plus nous avançons dans cette voie, plus nous touchons à des faits difficiles à prouver, et sujets à controverse. Vogel , à qui nous empruntons ces ingénieux développemens , convient lui-même que ce ne sont encore là que des hypothèses. Mais la méthode introduite par Liebig , dit-il , nous montre au moins la route qu'il faut suivre, si nous ne pouvons encore regarder les résultats obtenus comme tout-à-fait certains (1). D'ailleurs, nous trouvons une telle concordance entre ces résultats chimiques, et les faits pathologiques et même thérapeutiques que nous rappellerons tout-à-l'heure, que les premiers doivent certainement prendre une place importante dans l'histoire de la goutte.

« On ne saurait mettre en doute , dit Vogel, que la plus grande partie des combinaisons de proteine (azotées) , contenues dans les alimens et dans les élémens constituans du corps, ne se convertisse en urée et en acide urique par l'effet de la nutrition , et ne soit évacuée sous cette forme par l'urine, bien que nous ne connaissions pas encore les intermédiaires qui existent indubitablement entre ces deux ordres de substances. Mais la métamorphose ne peut avoir lieu que par une addition d'oxygène. Or, comme on le démontre par le

____

(1) Vogel : *Anatomie pathologique générale,* traduit de l'allemand par Jourdan, 1847, p. 522.

calcul, il faut plus d'oxygène pour transformer théoriquement un atôme de proteine en urée, acide carbonique et eau, que pour en former de l'acide carbonique, de l'eau et de l'acide urique (1). » Il s'ensuit que si la quantité d'oxygène que les *résultats* de la nutrition trouvent dans l'économie est insuffisante, il se formera non plus de l'urée, mais de l'acide urique (que l'on sait être très peu soluble).

La théorie, exactement conforme en cela à l'expérience, montre en outre qu'il est certains régimes (diététiques et hygiéniques), propres à favoriser la *diathèse urique* : par exemple, soit une alimentation très azotée et très abondante, qui introduirait une proportion d'azote excédant celle de l'oxygène disponible; soit un excès d'alimens, au contraire non azotés, d'alimens dits *respirateurs*, la graisse et l'alcool surtout, qui, employant beaucoup d'oxygène à transformer en acide carbonique et en eau l'excès de carbone et d'hydrogène qu'ils ont introduit dans l'économie, n'en laissent pas une quantité suffisante pour transformer l'azote en urée, mais seulement pour le transformer en acide urique. Liebig a constaté, d'un autre côté, que l'exercice augmentait la proportion d'oxygène apportée par le sang au service de la nutrition, et par suite favorisait la conversion normale des principes constituans de la nourriture et de l'économie, en urée, acide carbonique et eau. Or, il est certain que l'excès d'une nourriture azotée, ou l'abus des alcooliques, et que l'absence d'exercice, favo-

____

(1) Vogel, *loc. cit.,* p. 525.

risent le développement de la goutte, et qu'un exercice actif agit en sens contraire.

Résumons, avant d'aborder la pathologie proprement dite de la goutte, ce que nous venons de développer.

Si les phénomènes qui se passent au sein de nos tissus et président aux transformations dont la nutrition se constitue, sont des phénomènes essentiellement vitaux et doivent sans doute à jamais échapper à notre analyse, ces phénomènes laissent cependant après eux des résultats que l'observation peut apprécier, et qui se résument en des combinaisons chimiques.

On sait que l'oxygène est l'agent essentiel de la séparation de tous les principes qui ont servi ou qui ne sont plus propres à servir à la nutrition; on sait que c'est principalement sous forme d'urée et d'acide urique que l'azote, en particulier, cet élément si considérable de nos tissus, s'échappe de l'économie; le calcul a fait reconnaître qu'il fallait plus d'oxygène pour transformer l'azote en urée qu'en acide urique, et rendu vraisemblable que l'insuffisance de l'oxygène tendrait à produire ce dernier plutôt que de l'urée.

D'un autre côté, l'analyse chimique a permis de reconnaître la présence dans l'économie d'un excès d'acide urique, dans certaines conditions pathologiques que l'on sait favorisées par toutes les circonstances propres à diminuer la proportion d'oxygène, soit absolue, soit relative à l'azote contenu dans nos tissus.

Il est impossible de ne pas être frappé du rapprochement de ces différentes observations, et d'une concordance que la suite de ce travail fera ressortir encore :

cependant, hâtons-nous de dire que nous n'y voyons pas encore la clef de l'histoire de la diathèse urique et de la goutte. Les problèmes pathologiques sont moins simples que cela. Mais évidemment, nous trouvons là une source de lumière, non moins importante pour éclairer la pathologie que la thérapeutique de la goutte.

IV.

Si la goutte est une maladie diathésique, c'est moins encore dans la forme de ses manifestations et dans les phénomènes qui, à défaut de connaissances plus précises, servent à la caractériser, c'est moins enfin dans ses symptômes locaux et passagers que dans les conditions générales et permanentes de l'économie, que nous trouverons des notions propres à nous éclairer, et sur la nature de la maladie et sur les indications de son traitement.

Quelqu'idée que l'on se fasse de la nature des attaques de goutte, il est évident qu'elles ne constituent, à proprement parler, qu'une solution passagère de la maladie. « Éteindre les manifestations goutteuses, disent MM. Trousseau et Pidoux, ce n'est pas guérir la goutte, pas plus qu'on ne guérit la vérole en faisant disparaître, par des topiques, les éruptions cutanées syphilitiques (1). » Si une attaque de goutte est quelquefois provoquée par un accident, une contusion, un refroidissement,

____

(1) Trousseau et Pidoux : *Traité de thérapeutique*, 1847, t. I, p. 556.

ce n'est qu'en vertu d'une longue préparation qu'un tel résultat s'effectue : et en général, elle survient par le seul fait de la diathèse. On ne devient pas tout d'un coup goutteux, non plus que cancéreux ou tuberculeux. On a dit : on est goutteux parce que l'acide urique s'est amassé dans le sang ou ailleurs, et la goutte se manifeste quand cette accumulation est parvenue à un certain degré. Mais il est clair que, l'accès de goutte fût-il la conséquence de la présence anormale de l'acide urique dans les humeurs, cet acide urique n'est lui-même également qu'un résultat. Cette connaissance de l'existence de l'acide urique n'a, par elle-même, qu'une utilité secondaire, surtout pour la thérapeutique, car eût-on le moyen de neutraliser cet acide, comme on le dit, ce dont il s'agit surtout, c'est de l'empêcher de se former.

Quelles sont donc les conditions générales de l'organisme sous l'influence desquelles se préparent et s'accomplissent les manifestations, soit symptômatiques, soit chimiques, de la goutte?

Troubles de la digestion, des fonctions de la peau et de la sécrétion urinaire, telles sont les trois grandes séries de désordres fonctionnels que l'on peut voir présider au développement de la goutte.

De tous temps, on a reconnu que la nature de l'alimentation exerçait une grande influence sur la production de la goutte, et constituait au moins une prédisposition considérable à cette maladie : ainsi l'abus d'une alimentation trop azotée, comme la viande, ou au contraire de substances peu ou point azotées, comme la graisse et surtout les alcooliques. Il ne faut pas considérer ces alimens seulement au point de vue des principes chimiques qu'ils introduisent dans l'économie (1). Il faut les envisager encore sous le rapport du trouble qu'ils doivent entraîner dans les fonctions digestives. En effet, tous les auteurs ont placé, ou les maladies de l'estomac, ou les dérangemens de la digestion, au nombre des conditions les plus ordinaires des goutteux.

Si nous faisons abstraction de quelques formules de langage propres à la chimie physiologique de l'époque, nous voyons que, pour Sydenham, la goutte est spécialement le résultat d'un vice de nutrition, conséquence du trouble de la digestion ; que cela résulte de la trop grande quantité d'alimens, ou du défaut d'exercice, ou de trop d'application aux choses sérieuses (2), ou de la nature des substances ingérées (3), il en revient toujours *au vice des digestions et à l'accumulation des humeurs nuisibles*. Aussi l'indication principale dans le traitement de la goutte consiste-t-elle *à rétablir les digestions* (4), et il nomme *digestifs* tous les remèdes

----

(1) Les médecins qui n'ont considéré dans la diététique des goutteux autre chose que l'introduction de principes azotés dans l'économie, ont dû se trouver bien embarrassés de voir l'usage des alcooliques (non azotés) constituer une prédisposition non moins importante que l'abus de la viande. Aussi les ont-ils volontiers passés sous silence. S'ils avaient connu l'explication de Liebig à ce sujet, ils se seraient crus tirés d'embarras.

(2) Sydenham : *Traité de la goutte,* éd. de l'Encyclopédie, ş. 824.

(5) Sydenham , ş. 825.

(4) Sydenham , ş. 855.

qu'il indique, « soit qu'on les tire de la matière médicale, ou du régime, ou de l'exercice, ou de quelqu'une des six choses non naturelles (1) ».

On voit que Sydenham ne concentre pas l'idée de la digestion dans le fait seul de l'élaboration des alimens dans l'estomac, et qu'il y comprend tout ce que rattache à l'accomplissement de la digestion, la solidarité qui unit si étroitement les fonctions de l'estomac à l'ensemble des fonctions de l'économie. C'est encore là ce qu'entendait Boerhaave, lorsqu'il disait de la goutte : « *ejus vitii autem origo proxima in indigestione viscerum, non assimilantium, attenuantium que... (2) »*.

Cullen place les affections gastriques dans la définition même de la goutte : « *prœunte plerumque ventriculi affectione insolitâ... (3) »*. Il dit ailleurs que, si la goutte est une maladie de tout le système, « l'estomac qui a une sympathie si universelle avec le reste du système, est de toutes les parties internes celle qui est le plus fréquemment, et souvent le plus vivement affectée par la goutte (4) ».

Barthez range parmi les signes de la cachexie goutteuse « l'état habituel de fatigue et de surcharge des organes digestifs, surtout chez les personnes livrées à l'intempérance et aux passions pénibles (5) ».

---

(1) Sydenham, §. 856.

(2) Boerhaave : *Aphorisme,* 1264.

(5) Cullen : *Élémens de médecine pratique,* trad. de Bosquillon, 1785, t. ı, p. 518.

(4) Cullen, *loc. cit.,* p. 555.

(5) Barthez : *Traité des maladies goutteuses,* 1819, t. ıı, p. 155.

Copland définit la goutte une maladie.... généralement précédée ou accompagnée de désordre des organes de la digestion ou d'autres organes internes (1); et le docteur Weatherhead, qui a réclamé la priorité à ce sujet, attribue la présence de l'urée dans le sang à un état morbide, héréditaire ou acquis, des organes digestifs (2).

Enfin il est facile de reconnaître, chez un grand nombre de goutteux, un certain degré de dyspepsie, ce que les médecins anglais, par exemple, nomment *gouting indigestion*, sans même qu'il soit encore survenu d'attaques de goutte; et ne serait-ce pas à cet état particulier de l'estomac qu'ils devraient de supporter en général si difficilement les acides? On sait de quelle importance il est pour les goutteux d'avoir le ventre libre, et combien, d'un autre côté, la constipation est une condition ordinaire chez eux. En résumé, c'est dans la diététique et dans l'accomplissement des fonctions gastriques que se résume, pour le plus grand nombre des goutteux, au moins l'état de souffrance ou de santé relative (3).

Les fonctions de la peau ne s'accomplissent pas, en général, chez les goutteux, d'une manière moins vicieuse que les fonctions digestives. Un médecin du

---

(1) Copland : *Diction. of practical medicine,* 1857, t. II, p. 54, art. GOUT.

(2) *The London medical Gazette,* 1857, t. XX, p. 511.

(3) « Prout a remarqué que ce qui augmente la proportion de l'acide urique, ce n'est pas tant la grande quantité d'une nourriture saine, notamment de la viande, du pain et du pudding, mais bien plutôt tout ce qui porte le désordre dans la digestion.... » (Burdach, *Traité de physiologie,* t. VIII, p. 215.)

siècle dernier, P. Desault, a même cherché à prouver
« que la véritable cause de la goutte est le défaut de la
transpiration insensible, dont la matière, qui est âcre et
saline, étant accumulée dans le corps, se dépose ensuite
sur les articulations (1) ». Les raisons qu'il fait valoir,
basées la plupart sur des observations exactes, sont les
suivantes :

La goutte est surtout commune dans un âge avancé;
l'oisiveté est une condition qui en favorise le développement, chez ceux en particulier qui, habitués naguère à
une grande activité (Sydenham), présentaient sans
doute au contraire une suractivité des fonctions de cet
organe. N'est-ce pas surtout à cette alternative et d'oisiveté et d'extrême activité, de privations et d'excès,
qu'il faut attribuer ces gouttes prématurées et violentes
que l'on observe souvent chez les militaires, que l'on
observait chez eux bien davantage encore à l'époque
des grandes guerres de l'empire ?

La goutte se montre beaucoup moins en été que dans
les saisons plus froides; elle s'observe surtout dans les
contrées froides et humides, et ne se montre presque
jamais dans les pays chauds, dont le séjour suffit pour
la guérir. La transpiration s'amoindrit chez les grands
buveurs et les grands mangeurs (Sanctorius). Enfin, la
transpiration cutanée est une des fonctions sur lesquelles
agissent le plus directement les moyens hygiéniques que
nous savons les plus propres à combattre la goutte.
Alph. Leroy, tout en se défendant de voir dans la sup-

______

(1) P. Desault : *Dissertation sur la goutte et la méthode de la
guérir radicalement,* Paris, 1750, p. 40.

pression de la transpiration une cause proprement dite de la goutte, assure que l'on peut mettre en aphorisme : qu'en se rendant maître de l'insensible transpiration, on se rend presque le maître des accès de la goutte (1).

Un des inconvéniens que Sydenham reproche au traitement de la goutte par les purgatifs, c'est que l'usage de ces derniers amoindrit la transpiration cutanée; et en effet, de tous les modes de traitement de la goutte, c'est celui qui la laisse récidiver le plus fréquemment.

La sécrétion urinaire est également le siége de dérangemens importans dans la goutte. Mais ici, nous rencontrons des phénomènes d'un ordre très différent : il semble que l'urine des goutteux présente, tantôt un excès, tantôt un défaut d'acide urique.

Les expériences de M. Garrod, lesquelles ont, du reste, besoin d'être répétées, sembleraient légitimer cette opinion, que la présence de l'acide urique dans le sang résulterait du défaut d'excrétion de cet acide par ses voies naturelles, et que les dépôts qui s'opèrent autour des articulations seraient comme une sécrétion vicieuse et supplétive de celle des reins. Les observations de ce médecin, en montrant que l'acide urique existerait dans le sang des individus en bonne santé et pourrait, dans d'autres maladies que la goutte, y augmenter de proportion, suivant que l'acide urique viendrait à diminuer dans l'urine, tendraient à affaiblir l'importance que l'on avait attachée à l'idée de l'existence de l'acide urique dans le sang des goutteux.

---

(1) Alphonse Leroy : *Manuel des goutteux et des rhumatisans,* 1805, p. 57.

Cependant nous ne saurions admettre que la goutte, ou du moins les dépôts goutteux, puissent être considérés d'une manière générale comme les suppléans d'une sécrétion abolie ou affaiblie. Il est certain que, chez beaucoup de goutteux, il y a par toutes les voies, y compris la peau, excès de sécrétion de l'acide urique. Il y a véritablement alors ce qu'on a appelé *diathèse urique*. La gravelle urique accompagne souvent la goutte, et même des calculs, soit rénaux (1), soit urinaires, d'acide urique. Scudamore a même dit que tous les goutteux, sans exception, à une époque quelconque, sont attaqués par la gravelle, ou bien rendent dans leurs urines un sédiment briqueté (2). Cet auteur a certainement exagéré les rapports qui existent entre la gravelle et la goutte. Il y a un grand nombre de goutteux qui n'ont point la gravelle, et beaucoup de graveleux surtout qui n'ont pas la goutte.

Quant aux dépôts abondans que présente l'urine à la suite des accès de goutte (urine goutteuse), faut-il y attribuer une grande importance? Ne peuvent-ils pas être rattachés autant aux phénomènes généraux de réaction qui accompagnent ces accès, qu'à la nature même de la maladie? La solution d'un accès de fièvre intermittente ne nous en offre-t-elle pas à peu près autant? L'acide urique augmente au moins du double dans les urines fébriles (3). Et d'ailleurs s'il est vrai, comme on l'a dit,

---

(1) Morgagni : *De sedibus et causis morborum*, épist. LVII.

(2) Scudamore : *Traité sur la nature et le traitement de la goutte*, traduit de l'anglais, 1825, t. I, p. 156.

(3) A. Becquerel : *Séméiotique des urines*, 1841, p. 199.

que l'acide urique et les sels qu'il forme diminuent ou disparaissent pendant la durée des accès de goutte, il n'est pas étonnant qu'ils reparaissent en plus grande quantité, lors de la terminaison de ces accès.

V.

Voilà donc trois grandes fonctions dont le trouble paraît jouer un rôle important dans la marche et le développement de la goutte, fonctions relatives à la digestion, à la transpiration cutanée et à la sécrétion urinaire. Cette considération n'offre pas sans doute moins d'importance que celle des phénomènes chimiques de la goutte, lorsque surtout nous ne voyons ces derniers se montrer qu'à la fin de la maladie, et quelquefois ne pas se montrer du tout.

Ces troubles fonctionnels, qui dominent tantôt d'un côté, tantôt de l'autre, n'existent pas toujours à un degré pathologique. C'est ainsi que l'amoindrissement de la sécrétion cutanée, qu'un changement de proportion en plus ou en moins dans l'acide urique excrété par les reins ne constitue pas encore une maladie. Mais la continuité de telles modifications de l'état physiologique, et la nécessité pour l'économie de l'intégrité des fonctions d'excrétion, explique comment la maladie peut naître peu à peu sous l'influence de conditions qui n'ont rien de morbide par elles-mêmes. N'en est-il pas de même de la digestion? Et croit-on que l'abus journalier, soit des alcooliques, soit d'une alimentation azotée, se trouve sans influence sur la manière dont elle s'opère, bien qu'il n'y ait pas de dyspepsie proprement dite (1).

On remarquera encore que toutes les prédispositions à la goutte les mieux avérées, telles qu'une existence molle et inoccupée, les travaux de cabinet, les exercices intellectuels exagérés, l'abus des plaisirs de l'amour, la vie oisive succédant à l'activité, etc., sans parler des conditions diététiques auxquelles elles s'unissent souvent, sont précisément des conditions hygiéniques qui ne manquent pas de se faire sentir, à un degré quelconque, sur les fonctions de la digestion, de la transpiration cutanée et de la sécrétion urinaire.

Et n'est-il pas certain, d'un autre côté, que si l'on fait en sorte qu'un goutteux digère bien, transpire et urine d'une manière normale et suffisante, on l'aura, sinon guéri, du moins mis dans des conditions où il aura le moins de goutte possible?

Il n'est pas moins vrai que vices de digestion, ou troubles des sécrétions urinaire et cutanée, sous quelque forme et dans quelque combinaison, et sous quelqu'influence qu'ils existent, aboutissent toujours en définitive à une lésion de nutrition, et que nous revenons ainsi, par un cercle où cette étude nous ramène sans cesse, à ces phénomènes dont nous avons étudié tout à l'heure les conditions chimiques. Nous avions donc raison de dire que tous ces faits, d'un ordre différent, s'harmoni-

----

(1) « De ce que dans un premier accès de goutte, et quelquefois aussi dans les attaques consécutives, il n'y a aucun trouble sensible dans les organes digestifs, il n'en résulte pas qu'ils soient réellement dans un état naturel d'action.» (Scudamore, *loc. cit.*, t. I, p. 444.)

saient parfaitement entr'eux, et que des observations pathologiques de Sydenham, de Boerhaave, de Cullen, etc., aux spéculations de Liebig touchant la composition théorique de l'acide urique et de l'urée, il n'y avait qu'un pas.

Mais si de l'ensemble des faits chimiques et pathologiques que nous avons exposés ou rappelés, il résulte un tout assez satisfaisant à l'esprit, pour que nous y voyions un degré parcouru vers l'inconnue qu'il reste à découvrir, nous ne croyons nullement que la clef de l'histoire de la goutte soit encore trouvée. La goutte ne se présente pas toujours sous un aspect favorable aux théories. Il y a des individus qui absorbent énormément d'azote et paraissent en employer fort peu, d'autres chez qui les fonctions dont le trouble ou l'amoindrissement prennent une si grande part au développement de la goutte, sont profondément altérées, et qui ne sont pas goutteux. Franklin, malgré la constante et systématique sobriété qu'il avait mise en usage, malgré l'activité dont il avait su revêtir sa belle existence de savant et de politique, Franklin souffrait cruellement de la goutte à la fin de sa carrière (1). Qui n'a rencontré d'autres exemples moins illustres, mais plus frappans encore?

Il y a donc dans la goutte autre chose que ce que nous avons exposé, et que nous ne connaissons pas. Mais au moins trouverons-nous, dans les conditions que nous

----

(1) Miguet : *Vie de Franklin.*

avons pu apprécier, la consécration des véritables principes sur lesquels doit être basé le traitement de la goutte, et la condamnation des théories hasardées sur lesquelles on a essayé d'en instituer la thérapeutique.

En effet, s'il est vrai que, dans la goutte confirmée, on trouve dans le sang ou dans d'autres parties, de l'acide urique, en excès dans l'économie ou détourné de ses voies d'excrétion naturelles; si la présence anormale de cet acide urique ne peut tenir qu'à un accomplissement irrégulier de la nutrition; si cette dernière condition paraît exister sous l'influence du trouble de quelqu'une des trois fonctions dont la solidarité mutuelle est le mieux établie, et dont l'influence sur l'accomplissement de la nutrition est la plus directe, la digestion, la transpiration cutanée et la sécrétion urinaire; si toutes les causes que nous voyons dominer l'étiologie de la goutte sont précisément en rapport avec la manière dont s'accomplissent ces mêmes fonctions, ne trouverons-nous pas là une source précise d'indications, consistant à agir sur les organes et les fonctions qui paraissent subir le plus directement l'influence des causes de la maladie? Et nous ne prendrons pas au contraire pour unique objet de notre traitement, cet acide urique, dernier résultat de la maladie, auquel il ne nous paraît guère plus rationnel de s'adresser, qu'il le serait de traiter le gravier déposé au fond d'un vase.

Tout ceci, encore une fois, ne nous dit pas ce que c'est que la goutte. Mais c'est précisément parce que nous ne sommes pas en état de définir cette maladie, qu'il importe d'analyser avec le plus de précision possible les phénomènes qui lui appartiennent, et de ne pas sortir, dans son traitement, des principes que nous pourrons directement déduire de cette analyse.

TRAITEMENT DE LA GOUTTE.

I.

Les indications thérapeutiques qui résultent des considérations présentées dans la première partie de ce travail, sont les suivantes :

Assurer l'accomplissement normal des fonctions digestives ;

Entretenir la liberté du ventre ;

Rendre la sécrétion urinaire libre et normale ;

Entretenir et même surexciter les fonctions de la peau ;

Diminuer l'introduction des principes alimentaires azotés ;

Augmenter la proportion d'oxygène contenue dans le sang et nécessaire à la nutrition.

Telles sont les seules indications que l'analyse physiologique, pathologique et chimique de la goutte nous permette d'établir avec quelque raison. Il est impossible de sortir du cercle qu'elles constituent, ainsi que des moyens que nous offrent, pour les remplir, l'hygiène et la thérapeutique, sans se jeter dans des théories vagues et hasardées, ou dans un empirisme impossible à justifier.

On voudra bien remarquer, du reste, que cette formule d'indications n'est autre chose que la traduction exacte des conditions hygiéniques salutaires, dont la pratique est encore le plus sûr moyen ou de prévenir, ou de pallier, sinon de guérir la goutte : conditions de diététique, de genre de vie, d'exercice intellectuel et d'usage des fonctions génératrices. Or, qu'est-ce que l'application de l'hygiène au traitement des maladies, si ce n'est la nature laissée libre d'agir, dégagée de toute entrave et de tout empêchement, si ce n'est, en d'autres termes, une méthode naturelle de traitement ?

Nous n'avons pas l'intention de nous occuper, dans ce travail, des divers moyens de traitement de la goutte, mais seulement de faire l'application, au traitement de la goutte par les eaux de Vichy, des notions que nous avons exposées. Nous répéterons encore, cependant, que ce que l'on peut appeler les indications chimiques de la goutte, diminuer l'introduction des principes azotés, favoriser l'introduction de l'oxygène (1), est en harmonie parfaite avec les indications hygiéniques, régler son alimentation, mener une vie active, se modérer sur

----

(1) « La consommation d'oxygène qui a lieu dans un temps donné, peut s'exprimer par le nombre des inspirations.... La fréquence de la respiration est moindre chez l'individu qui reste en repos que chez celui qui se livre au travail ou qui fait beaucoup d'exercice. La quantité d'alimens nécessaire dans l'un et l'autre cas, doit donc varier dans la même proportion. Un homme qui mange beaucoup doit faire beaucoup d'exercice, sans quoi la quantité d'oxygène qu'il absorbera dans l'état de repos sera insuffisante. De même un individu dont les organes digestifs sont faibles ne doit pas se livrer à un exercice trop actif, parce que l'exercice oblige à prendre une quantité considérable de nourriture, ce qui serait incompatible avec l'état de ces organes. » (Liebig : *Lettres sur la Chimie*, 1845, p. 228.)

tout ce qui peut surexciter trop vivement ou épuiser le système nerveux, et avec les indications thérapeutiques, rétablir les digestions (Sydenham), stimuler les sécrétions intestinales et cutanées, ramener à l'état physiologique les fonctions urinaires.

Il semble qu'une maladie dont les indications thérapeutiques et prophylactiques peuvent s'établir avec quelque précision, devrait être facile à guérir, et cependant il est loin d'en être ainsi de la goutte. Mais c'est qu'une maladie diathésique, et surtout héréditaire, suppose toujours des conditions organiques profondément enracinées, dont une partie seulement se révèle à nous, et dont par conséquent il est toujours fort difficile de débarrasser l'économie. C'est aussi que la partie la plus essentielle du traitement de la goutte, celle que prescrit l'hygiène, est précisément la plus difficile à mettre en pratique. Elle exige en général non seulement une violence faite aux goûts, aux passions, aux habitudes, mais encore un renoncement au genre de vie, aux occupations, aux obligations même, qui souvent n'est pas moins impossible à obtenir.

Or, ce qui caractérise essentiellement le mode d'action des eaux minérales en général, et de celles de Vichy dont nous allons faire une étude particulière, c'est que, se rapprochant plutôt des méthodes hygiéniques ou naturelles de traitement que des méthodes thérapeutiques proprement dites, elles corrigent mieux que toute autre médication ces conditions vicieuses d'existence, qui ont avec la goutte des relations si étroites. Tel est du moins le point de vue sous lequel nous paraît devoir être envisagée l'action des eaux de Vichy dans la goutte, et que nous allons développer.

II.

Il est certain que, sous l'influence d'un traitement par les eaux de Vichy, les goutteux voient souvent leurs accès diminuer d'intensité et de fréquence, et quelquefois s'éloigner assez pour qu'ils puissent croire, pendant un certain temps, à une véritable guérison. Nous avons recueilli à Vichy un grand nombre d'observations de goutteux traités, soit par nous-même, soit par nos confrères, et fréquentant cet établissement thermal depuis un plus ou moins grand nombre d'années, et nous nous sommes assuré que le traitement thermal de Vichy, s'il ne les guérissait pas, exerçait le plus souvent une influence salutaire et sur leur santé générale et sur les manifestations de leur maladie (1). Les observations publiées par M. Petit (2) ne sauraient non plus laisser de doute à cet égard. Enfin un assez grand nombre de malades de ce genre se rendent chaque année à cet établissement thermal, pour que beaucoup de praticiens aient pu reconnaître par eux-mêmes l'action que les eaux minérales peuvent exercer sur la marche de la goutte.

Mais il ne suffit pas de savoir qu'une telle médication

---

(1) On n'oubliera pas que nous avons pris pour type de cette étude la goutte franche, articulaire, régulière.

(2) Patissier : Rapport fait à l'Académie de Médecine *sur l'emploi des eaux de Vichy dans le traitement de la goutte*, 1840.

peut être employée avec avantage. On a vu plus d'une
fois encore l'état des goutteux, ou ne subir aucun changement à la suite du traitement thermal, ou empirer,
ou changer de nature plutôt au détriment qu'au profit
du malade. Certains accidens peuvent entraver le traitement des goutteux à Vichy. Enfin la goutte est une
maladie dont les formes sont trop variées, qui se montre
dans des conditions trop différentes, dont la nature enfin
offre trop d'incertitude et certaines circonstances trop
de dangers, pour qu'on puisse admettre qu'un traitement
identique et banal puisse toujours, et dans toutes les
circonstances, lui être opposé avec la même sécurité et
les mêmes chances de succès.

Il est donc une série de questions sur lesquelles les
praticiens ont besoin d'être éclairés, sous peine de ne
voir, dans l'emploi des eaux de Vichy contre la goutte,
qu'une méthode purement empirique : de quelle manière agit l'eau de Vichy sur les goutteux ? Quels sont
les goutteux qu'ils faut envoyer à Vichy, et à quelle
époque de leur maladie ? Le traitement de la goutte par
les eaux de Vichy peut-il avoir quelques inconvéniens ou
présenter quelques dangers ? De quelle manière les eaux
de Vichy doivent-elles être administrées aux goutteux ?

Nous nous sommes attaché, dans la première partie
de ce travail, à montrer le rôle que joue l'acide urique
dans la goutte. Nous avons montré que l'acide urique
n'est pas plus la cause de la goutte, qu'un épanchement
ou des fausses membranes ne sont la cause de la pleu-
résie, que le mucus bronchique n'est la cause du catarrhe. Il ne nous paraît pas davantage admissible que

l'action salutaire des eaux de Vichy dans la goutte résulte simplement de la neutralisation de cet acide au moyen du bicarbonate de soude qu'elles renferment. Admettre une telle supposition, c'est déprécier singulièrement cette médication et en méconnaître les ressources les plus précieuses. Les eaux de Vichy, dans cette hypothèse, n'agiraient que pendant la courte durée de leur passage dans l'économie; sans action sur les causes pathologiques de la goutte et sur les modifications organiques qui en sont les caractères les plus importans, elles n'auraient qu'une vertu éphémère, et, comme le dit M. Baillie, autant vaudraient des bains d'eau de Seine additionnés d'un sel de soude (1).

Mais s'il est vrai qu'à la suite d'un traitement par les eaux de Vichy, et par le seul fait du traitement thermal, les goutteux peuvent subir une palliation prolongée de leur maladie, une guérison incomplète, c'est qu'il y a quelque chose de changé dans les conditions morbides ou physiologiques générales de l'économie, que nous avons vues présider au développement de cette maladie.

M. Petit n'en fait-il pas lui-même l'aveu tacite, lorsqu'après avoir longuement cherché à distinguer le rhumatisme de la goutte, et n'avoir reconnu que l'absence, pour le premier, des conditions chimiques qui distinguent la seconde, il confesse que les résultats obtenus des eaux de Vichy dans ces deux maladies, sont à peu près identiques; « il a obtenu, dans de simples rhumatismes, d'excellens effets des eaux de Vichy, même dans des cas

____

(1) *Union médicale* du 1er mars 1851.

qui avaient résisté à d'autres médications (1) ». Il y a donc
autre chose dans les eaux de Vichy qu'une action chimique neutralisante. Quant à l'idée qu'un excès de soude introduit dans le sang par l'eau de Vichy pourrait transformer en urate de soude l'acide urique qui s'y rencontre-
rait, elle peut être exacte : mais qu'est-ce qui le prouve?
On n'a jamais cité un fait à l'appui. Et l'eût-on démontré, qu'est-ce que cela prouverait au point de vue de la
thérapeutique? « Supposons, dit M. Rilliet, que cette
combinaison s'opère, il en résultera que le sang et les
produits de sécrétion, au lieu de contenir de l'acide
urique, contiendront des urates : or, il n'est nullement
démontré que le sel soit plus innocent que l'acide (2). »
Mais cette théorie, suivant laquelle l'eau de Vichy gué-
rirait la goutte en transformant l'acide urique du sang
en urate de soude, sera encore bien plus avanturée si,
comme il semble résulter des expériences de M. Garrod,
c'était précisément sous forme d'urate de soude que l'a-
cide urique existât dans le sang des goutteux. Enfin, ce
n'est pas seulement dans les eaux alcalines que la goutte
se traite avec succès. A Wiesbaden, pour ne citer qu'un
exemple, dont les eaux, neutres, ont les deux tiers de
leurs principes minéralisateurs constitués par du chlorure de sodium, et ne contiennent pas de carbonate de
soude, M. le docteur Peez, d'après des renseignemens
rapportés de Wiesbaden, par M. Rilliet, a vu les accès

---

(1) Petit, *loc. cit.*, p. 345.
(2) Rilliet : *Du traitement de la goutte par les eaux de Vichy*,
dans *Archives générales de médecine*, 1844, 4ᵉ série, t. IV, p. 52.

de goutte disparaître pendant 1, 2, 3 et même 4 ans, et les symptômes locaux diminuer notablement. Ce praticien avait même observé un exemple de guérison radicale observé chez un chanoine goutteux au plus haut degré, etc. (1).

III.

Quelle action pourrons-nous donc attribuer aux eaux de Vichy sur la goutte?

Une action analogue à celle que ces eaux exercent dans les autres maladies chroniques, action qui n'est autre que celle des eaux minérales en général, et à laquelle vient s'ajouter la prédominance des sels alcalins, et sans doute quelque chose de spécifique qui échappe à toute analyse.

Nous devons reproduire ici les principales conclusions du chapitre que nous avons consacré à l'examen des *propriétés thérapeutiques des eaux de Vichy* (2) :

Les eaux minérales agissent toutes sur l'économie d'une manière identique, sauf les modifications qu'impriment à leur mode d'action leur composition chimique et leur température. Cette action commune est une excitation subie par l'ensemble de l'organisme et en particulier par les organes sécréteurs, glandulaires ou membraneux, excitation qui, tantôt purement physio-

---

(1) Rilliet, *loc. cit.*, p. 48.
(2) *Voyez* page 20.

logique, lorsqu'elle remonte au ton normal des organes affaiblis, tantôt révulsive, lorsqu'elle s'exerce sur des organes sains, s'accommode parfaitement aux conditions organiques ou fonctionnelles de la plupart des malades atteints d'affections chroniques ou de cachexies diverses, que l'on observe aux eaux minérales.

C'est cette action commune qui fait que les maladies les plus différentes trouvent, dans la même eau minérale, une médication salutaire, tandis que la même maladie peut quelquefois être adressée, avec un égal succès, à des thermes de composition très différente.

Quant à la spécialité d'action des eaux minérales, elle provient d'abord de leur composition chimique, et surtout de la prédominance ou du soufre, ou du fer, ou des alcalins, modificateurs spéciaux, le soufre de la peau et de certaines muqueuses, le fer du sang, les alcalins de l'appareil digestif (1). Il faut ensuite considérer leur température, leur situation géographique, leur élévation au-dessus du niveau de la mer, leur distance du lieu qu'habite le malade. Ajoutez à cela l'empirisme, c'est-à-dire cette spécialité d'action que l'expérience enseigne sans l'expliquer, et vous aurez les élémens des indications spéciales qui devront faire préférer telle ou telle eau minérale pour telle maladie ou pour tel malade : car il importe de savoir que c'est aussi souvent d'après les conditions individuelles où se trouve un malade, que d'après le nom de sa maladie, que l'on devra

---

(1) *Voyez* le chapitre sur *la spécialité d'action des eaux minérales.*

le diriger vers une eau minérale plutôt que vers une autre (1).

(1) La *Gazette médicale* du 11 janvier 1851 renferme, au sujet de ce travail, un article de M. Dechambre, à propos duquel nous avons à remercier notre estimable confrère de l'attention qu'il a bien voulu lui accorder. Cependant, il nous permettra de ne pas accepter entièrement le reproche qu'il nous adresse d'avoir « condamné la médecine chimique par une exagération aussi peu acceptable que celle que nous avions reprochée nous-même aux médecins chimistes. » Nous souscrivons trop complètement aux idées que M. Dechambre a développées dans cet article, pour ne pas tenir à réclamer contre ce jugement.

Un travail où nous commencions par déclarer que « les deux méthodes (chimique et d'observation clinique), loin de s'exclure mutuellement, doivent se combiner ensemble pour procéder plus sûrement dans une recherche difficile » (p. 20), n'avait certainement pas pour objet de déprécier l'usage soit théorique, soit pratique, que l'on peut faire des applications chimiques aux eaux minérales. Le point de vue spécial, mais non point exclusif, que nous avons entendu développer, c'est l'importance des études cliniques et physiologiques, pour la connaissance et la pratique des eaux minérales.

Mais quant à la médecine chimique, nous n'avons jamais eu l'idée de l'attaquer : les sources de lumières n'abondent pas tellement dans notre science et dans notre art, que nous en puissions rejeter aucune. Ce que nous avons contesté, ce sont des applications au moins douteuses de la chimie, faites précisément sur le terrain où nous avions recueilli les matériaux de notre travail. Nous avons contesté que les eaux de Vichy guérissent les engorgemens du foie et de la rate en dissolvant la fibrine et l'albumine qui en font la base, les maladies chroniques de l'estomac et des intestins en dissolvant pareillement des engorgemens que personne n'y a vus, la goutte en neutralisant un excès d'acide urique contenu dans le sang, les cachexies de toutes sortes, anémie, chlorose, scrofules, etc., en neutralisant également des acides supposés dans le sang, etc.

« On présume trop de la chimie quand on croit qu'elle peut don-

Obligé de nous renfermer ici dans un certain cercle de généralités, il nous suffira d'invoquer l'expérience de la plupart des praticiens pour rappeler combien les eaux de Vichy sont propres à rétablir les digestions altérées, affaiblies, même sous des influences fort diverses; combien encore elles ont d'action sur l'appareil urinaire, considéré soit dans sa fonction sécrétoire, soit en lui-même et dans les organes multiples dont il se compose; nous ajouterons seulement que les fonctions cutanées sont également modifiées à un haut degré par les eaux de Vichy, surtout administrées d'une manière particulière.

Nous trouvons donc là, sous une forme unique, la médication multiple dont nous avons tracé plus haut les indications, c'est-à-dire une médication agissant non point sur le résultat de la maladie, l'acide urique, mais

---

ner raison des phénomènes dans lesquels elle intervient. » Cette proposition, qu'il ne faudrait pas prendre dans un sens trop absolu, mais qui s'applique parfaitement aux eaux minérales, est empruntée à un travail fort intéressant, sur l'*Etude des eaux minérales*, dû à la plume de M. Brochin, mais inspiré, si nous ne nous trompons, par l'honorable rédacteur en chef de la *Gazette médicale*. (V. *Gazette médicale*, 1847, p. 571 et 757.)

Nous avons rencontré avec une vive satisfaction, dans ce travail, que nous ne connaissons que depuis peu, la confirmation de la plupart des opinions que nous avons soutenues devant l'Académie. Quant à cette autre proposition importante, développée avec talent dans ce Mémoire : que la considération des causes morbides ou pathologiques peut fournir une source précieuse d'indications et d'applications thérapeutiques, c'est précisément sur un tel ordre d'idées, que nous ne voudrions cependant pas ainsi généraliser, que repose la plus grande partie de notre travail sur la goutte.

sur ses élémens pathologiques, tels du moins que nous pouvons les reconnaître, c'est-à-dire sur les altérations de la digestion, de la perspiration cutanée, de la sécrétion urinaire, de la nutrition enfin (1).

IV.

Abordons maintenant les questions relatives à l'administration des eaux de Vichy. La première que nous rencontrons, et la plus importante, est une question d'opportunité.

A quelle époque de la goutte faut-il employer les eaux de Vichy (2)?

L'existence des goutteux (dans la goutte régulière, articulaire) se partage en deux périodes distinctes et fort inégales, suivant les individus : les attaques de goutte et les intervalles qui les séparent. Les conditions qui appartiennent à ces deux états de la goutte sont fort différentes.

Sous quelque point de vue que la goutte ait été envisagée, humoral ou dynamique, il nous semble qu'on a toujours été d'accord sur ce point : que les phénomènes d'un accès de goutte doivent être respectés, tout au plus palliés avec ménagement, et que les dangers de la

---

(1) M. Rilliet attribue la supériorité qui appartient aux eaux de Vichy sur les autres eaux minérales, dans le traitement de la goutte, à l'influence favorable qu'elles exercent sur les fonctions digestives si souvent troublées chez les goutteux. (*Mémoire cité*, p. 51.)

(2) Quand nous parlons des eaux de Vichy, nous entendons le traitement thermal subi sur les lieux même.

maladie consistent uniquement en ce que les manifestations qui, dans l'état normal de la goutte, s'opèrent vers les articulations, n'y achèvent pas leur évolution complète, et viennent à s'opérer vers d'autres parties plus directement essentielles à la vie. C'est ce que MM. Monneret et L. Fleury ont exprimé en disant : que les déterminations morbides de la goutte vers les articulations demandent à être respectées aussi sévèrement que celles qui se font sur la peau, dans la rougeole et la variole (1). La goutte articulaire est celle dont on est malade, a dit Musgrave, la goutte anomale est celle dont on meurt.

Or, c'est dans ce siége d'élection de la goutte vers les jointures, et dans les dangers qui en résultent lorsqu'elle s'en écarte, que réside précisément le génie de la maladie.

Aussi a-t-on souvent posé cette question : Doit-on chercher à guérir la goutte? et l'a-t-on souvent résolue comme M. Réveillé-Parise, qui répond : que la goutte est un préservatif de toutes les autres maladies, et que tous les moyens, soi-disant curatifs de la goutte, finissent par entraîner des résultats nuisibles (2). Mais nous ferons remarquer que la question ne doit pas se poser dans ces termes.

Si l'on veut parler des manifestations aiguës de la goutte, des accès de goutte, oui, sans doute, leur existence est une condition salutaire aux goutteux; elles les préservent d'accidens plus graves, et toute méthode qui

____

(1) *Compendium de médecine pratique*, t. iv, art. GOUTTE.
(2) *Bulletin général de thérapeutique*, juin 1848.

tendrait directement à les guérir serait une méthode dangereuse.

Mais s'il est question de la goutte elle-même, nous répondrons : Non, la goutte n'est pas une chose salutaire, c'est une maladie douloureuse, dangereuse quelquefois ; non seulement on peut, mais on doit chercher à la guérir ou au moins à l'atténuer. Mais c'est qu'on a pris souvent pour la goutte, ce qui n'en est qu'une manifestation, caractéristique il est vrai, comme, sous un autre point de vue, on a pris certains résultats de la goutte pour la maladie elle-même.

On comprend pourquoi nous avons attaché tant d'importance à l'étude des conditions organiques ou fonctionnelles générales et primitives des goutteux, à l'étude des causes pathologiques de la goutte, et pourquoi nous avons recommandé de les rechercher aussi avant que possible, car c'est sur leur considération seulement que l'on pourra, en toute sécurité, instituer un traitement rationnel de cette maladie.

Maintenant, nous établirons en principe : que les eaux de Vichy ne doivent pas être administrées à l'époque des accès de goutte, soit pendant leur durée, soit dans leur imminence, soit après leur terminaison lorsqu'on n'est pas assuré que leur solution soit complète ;

Que le moment le plus favorable pour prescrire aux goutteux (dans la goutte régulière) les eaux de Vichy, est l'époque la plus éloignée possible des accès.

Ce travail ne serait pas complet, si nous n'exposions quelques-unes des opinions émises sur ce sujet par les médecins qui ont le plus d'expérience des eaux de

Vichy et de leur emploi dans le traitement de la goutte.

M. Petit, tenant peu de compte de ce qui avait été jusqu'alors observé ou enseigné sur la goutte, et conséquent avec l'idée que la présence de l'acide urique dans le sang serait la cause de cette maladie, établit d'abord : « qu'il ne résulte ni de l'observation, ni de l'analyse chimique des concrétions et des diverses sécrétions des goutteux, qu'il y ait des gouttes de natures différentes ; que les distinctions établies par les auteurs, de goutte aiguë, chronique, régulière, fixe, abarticulaire, vague, mobile, nerveuse, interne, viscérale, etc., n'ont à ses yeux aucune importance sous ce rapport. (1) » Il dit encore : « que dans la goutte régulière aiguë, les eaux de Vichy peuvent être employées lorsqu'une attaque est imminente ou lorsqu'elle a commencé à se développer ; que la fièvre même n'est pas une contre-indication à leur emploi, à moins toutefois qu'il n'existe quelqu'inflammation, ou une irritabilité particulière du sujet (2). » « En appliquant les eaux de Vichy au traitement de la goutte, dit ailleurs M. Petit, je ne me suis jamais beaucoup occupé des accès qui ne sont à mes yeux que des symptômes plus ou moins prononcés de cette affection.... Je n'ai d'autre but que de combattre la cause prochaine de cette maladie, et d'éviter par là le retour des accès.... Le traitement alcalin n'est pas un moyen perturbateur, et il ne peut pas déplacer la goutte ; si, en atténuant

---

(1) Petit, *loc. cit.,* p. 548.
(2) Petit, *loc. cit.,* p. 552.

cette affection, il peut abréger la durée des accès, il n'a pas pour effet de les faire avorter.... (1). »

M. Prunelle est loin de partager cette manière de voir. Il est à regretter que ce savant médecin n'ait rien publié sur ce sujet, et que l'autorité qui s'attache naturellement à son opinion ait plutôt pour base une sorte de notoriété publique, qu'une expression nette et précise de son expérience et de ses convictions. Nous pourrons cependant y suppléer jusqu'à un certain point, grâce à une lettre adressée par lui à l'Académie de médecine (2), et surtout à un mémoire publié par M. le docteur Finot, sur des documens communiqués par M. Prunelle lui-même (3), et que nous pouvons regarder comme une reproduction explicite de ses opinions.

M. Prunelle admet parfaitement l'emploi des eaux de Vichy dans la goutte chronique, atonique, ce qu'il appelle la goutte molle, sans attaques déterminées, ou bien chez les goutteux dont les voies digestives en mauvais état semblent incessamment exposées à devenir elles-mêmes le siége d'accidens goutteux. L'action tonique et stimulante, exercée par le traitement thermal sur l'ensemble de l'économie et sur l'appareil digestif en particulier, lui paraît tout-à-fait propre à solliciter l'apparition d'accès de goutte francs et réguliers, et à préser-

---

(1) Petit, *loc. cit.*, p. 559.

(2) Prunelle : *Bulletin de l'Académie de médecine*, séance du 7 mai 1830.

(3) Finot : *Observations sur l'action thérapeutique des eaux thermales de Vichy*, extrait des *Mémoires de médec. chir. et phar. militaire*, t. v, 2e série.

ver le reste de l'organisme des atteintes de la maladie.

Mais dans la goutte aiguë, régulière, articulaire, il se demande quel rôle peut jouer le traitement alcalin. Qui ne sait, dit-il, que presque toutes les eaux thermales, quelle que soit leur nature, soulagent les goutteux, quoique plus d'une, après avoir joui d'une véritable réputation sous ce rapport, ait dû être abandonnée pour la fréquence des accidens que l'on voyait succéder à la suppression de la goutte articulaire?... Mais au milieu de la surexcitation qui accompagne un accès de goutte, l'usage des eaux de Vichy ne peut qu'exercer une perturbation qui, troublant la marche naturelle des accidens, fera disparaître l'accès de goutte, mais par un effet métasyncritique et non par la spécificité du traitement. Un traitement, ajoute M. Prunelle, qui consiste à administrer quotidiennement au même malade de 8 à 16 et même 20 kilogr. d'une eau minérale très-stimulante, n'est pas une méthode spécifique, mais une méthode perturbatrice.

Appliquée dans les intervalles des accès de goutte, il semble que la médication thermale puisse devenir un prophylactique par excellence, car l'usage de ces eaux provoquant en général des sueurs et des urines abondantes, double voie par laquelle les crises spontanées de la goutte articulaire s'opèrent naturellement, les moyens employés pour provoquer ces excrétions agissent nécessairement dans l'esprit des méthodes naturelles de traitement.

Mais dans ce cas même, il faut se préoccuper de savoir : si la crise goutteuse précédente a pu être considérée comme parfaite, et si, dans le cas où elle serait demeurée incomplète, il ne faudrait pas attendre qu'elle s'achevât dans une crise nouvelle dont un traitement perturbateur pourrait, au détriment du malade, entraver le développement (1).

Nous voici donc en présence de deux pratiques fort différentes : suivant l'une, accordant peu d'attention aux accès de goutte, on peut employer les eaux de Vichy de la même manière, c'est-à-dire à dose généralement élevée, dans toutes les formes et à toutes les époques de la goutte ; et suivant l'autre, exclusivement préoccupé de la crainte de troubler en rien l'évolution des accès de goutte, on s'abstient expressément de l'emploi des eaux de Vichy, si ce n'est précisément dans le but d'en favoriser l'apparition, lorsqu'elle ne s'opère pas spontanément, c'est-à-dire dans certaines gouttes chroniques, atoniques.

On remarquera d'abord que, de ces deux manières de voir, l'une est dictée par cette idée évidemment inexacte que la goutte est causée par la présence dans le sang de l'acide urique en excès, et que le traitement de la goutte doit consister dans la neutralisation de cet acide; et l'autre est basée sur ce fait vrai, mais dont les conséquences sont peut-être ici poussées un peu trop loin, que la forme articulaire de la goutte se caractérise par des crises nécessaires, et dont l'évolution ne peut être troublée sans danger.

Pour nous, nous prendrons pour guide, dans cette

____

(1) Finot, *loc. cit.*, p. 62-64.

question débattue, d'une part, l'observation directe des faits, d'une autre part, la considération du mode d'action des eaux de Vichy, et des indications spéciales qu'elles remplissent.

Or, l'observation nous apprend que l'emploi des eaux de Vichy dans la goutte ne paraît pas posséder une inoccuité telle que, soit pendant soit après leur usage, on ne puisse voir survenir des accidens graves dépendant, suivant toute apparence, d'une rétrocession de la goutte.

D'un autre côté, s'il est vrai que les eaux de Vichy agissent sur la goutte, principalement en modifiant d'une manière salutaire les fonctions digestives, cutanées ou urinaires des goutteux, il est possible, en les employant d'une manière non *perturbatrice* mais *méthodique*, de n'agir que sur les conditions générales de la goutte, sans toucher en rien à l'évolution des phénomènes critiques par lesquels la goutte se manifeste habituellement.

V.

Les eaux de Vichy ne doivent pas être employées pendant les accès de goutte ni à une époque trop rapprochée de leur apparition. Il pourrait suffire, pour justifier cette proposition, d'établir qu'il n'y a aucune utilité à choisir cette époque pour employer un traitement qu'on adresse à la diathèse goutteuse, et que la prudence au moins fait une loi de ne pas risquer ou d'aggraver les phénomènes existans, ou d'en troubler le développement... Les exemples suivans viendront à l'appui de ces remarques.

M. R. de Saint-Chaumont, âgé de 59 ans, atteint de goutte articulaire depuis plusieurs années, avait fait deux cures à Vichy, en 1847 et 48. A la suite de ces cures, ses accès de goutte furent bien moins violens. En 1849, il ne put venir à Vichy, et l'hiver suivant ses accès de goutte furent notablement plus douloureux. Le dernier accès durait depuis trois mois : M. R... partit pour Vichy dès qu'il put supporter la voiture. Il y arriva avec des articulations douloureuses et un peu d'oppression. Ce dernier symptôme engagea le docteur N... à ne lui permettre que l'eau minérale en boisson, à petites doses. Cependant M. R... obtint, à force d'instances, la permission de prendre quelques bains. Après le quatrième, les douleurs articulaires cédèrent, mais l'oppression augmenta; on suspendit les bains. L'eau minérale en boisson fut légèrement augmentée. (Sinapismes sur les extrémités, éther et digitale.) La dyspnée parut céder. Le malade put sortir et se hâta d'aller à la fontaine des Célestins, où il buvait, en cachette, plus d'eau qu'on ne lui en tolérait. Quelques jours après, le docteur N... le rencontra se félicitant de son bon état. Mais le soir, il fut pris, dans le corridor de son hôtel, d'un violent accès de dyspnée, et mourut tout-à-coup quelques instans après.

Une dame de 60 ans vint à Vichy, en 1850, à la suite d'un accès de goutte très violent. Elle avait encore des douleurs erratiques dans les membres. Arrivée depuis quelques jours, elle prenait un bain et 3 verres d'eau par jour. Tout-à-coup après un déjeûner frugal, elle fut prise de vomissemens répétés, et quelques heures après, de contractures dans les doigts des deux mains, sans abolition complète du mouvement, et de crampes dans les jambes ; le pouls était normal, l'intelligence était libre, la langue point embarrassée. Ces accidens persistèrent pendant plusieurs jours ; puis elle mourut subitement.

M. de ***, âgé de 73 ans, arriva à Vichy pour y prendre les eaux, le 13 juillet 1839. M. de *** avait la fièvre ; il souffrait à la fois de la goutte à l'un des genoux et à l'épaule du côté opposé. Il fut mis, le 14 juillet, à la boisson de deux litres d'eau de la source des Célestins. Cette dose fut portée à trois litres le lendemain. Dans la soirée du même jour, l'épaule frappée de goutte était moins douloureuse, mais la respiration commençait à être moins facile. Le 16 et le 17 juillet, trois ou quatre litres d'eau furent encore administrés, et, le dernier jour, les douleurs, tant de l'épaule que du genou, disparurent complètement ; en même temps, la dyspnée et la douleur thoracique faisaient des progrès ; une toux fatigante avec fièvre tourmentait le malade. On appliqua des sangsues, des vésicatoires sur la poitrine.... Le malade succomba le 5 du mois suivant (1).

L'usage inopportun des eaux de Vichy ne détermine pas toujours d'aussi fâcheux accidens ; il a quelquefois pour unique résultat d'augmenter ou de réveiller les douleurs de goutte.

M. P... a de l'embonpoint, le col très-court, le teint coloré. Il mène une vie paisible, assez active, usant lar-

---

(1) Finot : *Mémoire cité*, p. 59.

gement, avec un peu d'abus, sans excès, des plaisirs de la table. Il n'a jamais eu de gravelle. Il n'y a point de goutteux dans sa famille. Depuis 15 ans, il éprouve chaque année trois ou quatre accès de goutte, ordinairement limités à quelques-unes des petites articulations des pieds, quelquefois au genou, changeant de place, accompagnés de rougeur, d'un peu de gonflement, de douleurs assez vives, ne durant jamais au-delà de 8 à 10 jours, ne laissant enfin aucune trace après leur disparition. Il a l'habitude de traiter ses accès de goutte, au bout de quelques jours de durée, par des bains de vapeur sèche qui provoquent des sueurs abondantes. Il est rare qu'après deux ou trois bains il ne soit pas complètement débarrassé.

A la fin du mois de juillet 1850, il survient un accès de goutte; M. P... prend trois bains de vapeur qui paraissent produire leur effet accoutumé, et part immédiatement pour Vichy, où il arrive, souffrant encore un peu du pied droit. Il prend un bain d'eau minérale le jour de son arrivée et boit 3 verres d'eau des Célestins. Dans la nuit, il survient un accès de goutte assez violent, occupant surtout la première articulation tarso-métatarsienne droite; les bains ne sont pas continués, mais le malade boit chaque jour 4 verres d'eau des Célestins transportée, ou de l'Hôpital à la source. M. P... m'envoie alors chercher. La cessation complète de l'eau minérale suffit pour faire disparaître à peu près complètement, au bout d'une couple de jours, le gonflement et les douleurs articulaires. Quatre jours après, dans la nuit, retour de la goutte aux pieds et au genou, douleurs vives. M. P... était allé boire la veille 2 verres de l'eau des Célestins. Il suffit d'un peu de régime, et surtout d'une abstention complète de l'eau minérale, pour faire de nouveau cesser les douleurs. M. P... prend ensuite trois bains de vapeur sèche, une bouteille d'eau de Sedlitz, et part de Vichy, n'ayant plus qu'un peu de roideur dans les articulations Je l'ai revu trois mois après : il n'était rien survenu de nouveau.

Nous savons bien que l'on voit à Vichy des goutteux prendre les eaux, malgré l'imminence ou l'existence d'un accès de goutte, et que, surtout s'ils le font avec une certaine hardiesse, ils réussissent quelquefois à abréger ou même à faire avorter leur accès. Mais le succès du moment suffit-il pour encourager une telle pratique ? La rétrocession d'un accès de goutte n'a pas toujours des conséquences actuellement funestes. Quelle que soit la nature de la matière morbifique ou de l'acte vital dont l'accès de goutte soit la crise naturelle, ne sait-on pas que les effets métasyncritiques peuvent s'en faire sentir à des époques plus ou moins éloignées, et que le malade « paie quelquefois chèrement dans la suite ce petit avantage (de s'être délivré de l'accès présent), par les désordres que causera l'agitation des humeurs (1) ? »

M. le docteur Finot a rapporté, dans le mémoire que nous avons déjà cité, un bon nombre de faits desquels il résulte que : chez des malades ayant pris les eaux de

____

(1) Sydenham : *Traité de la goutte*, édition de l'Encyclopédie, p. 268.

Vichy, pendant une ou plusieurs saisons, avec un apparent succès, des accidens sont survenus, vers la tête ou la poitrine, semblables à ceux auxquels on succombe sous l'influence d'une goutte interne; 18 faits de ce genre sont cités par M. Finot, parmi lesquels 7 se trouvaient compris dans le rapport de M. Patissier, au nombre des malades ayant subi une influence favorable des eaux de Vichy.

Reste la ressource de nier ces métastases, dit M. Prunelle; mais comment ne pas reconnaître ces métastases, lorsque des attaques de goutte habituelle ont été pendant long-temps supprimées, et surtout lorsque les accidens consécutifs de la suppression sont survenus *à l'époque où les accès de goutte articulaire avaient lieu?* L'action d'une suppression de goutte articulaire se prolonge souvent pendant toute la vie.... C'est l'épée de Damoclès sur la tête du patient.... Ces accidens fourmillent dans l'histoire de l'art, et il n'est pas de praticien qui n'en ait observé quelques exemples à la suite de tous les traitemens qui se font *indiscriminatim* auprès des établissemens d'eau minérale (1).

Une métastase plus commune encore est la conversion de la goutte articulaire aiguë en goutte chronique. Le traitement des goutteux à Vichy en présente des exemples nombreux. Toutes ces histoires ont cela de commun qu'elles finissent par clouer au lit, faibles, endoloris ou impotens, des malades à qui leur goutte aiguë

____

(1) Finot, *mémoire cité*, p. 63.

laissait au moins des momens de libre : *non est vivere sed valere vitâ....* (1).

Nous reconnaissons qu'il faut apporter une grande réserve dans l'appréciation de tous ces faits, qui, quelque bien observés qu'ils soient, soulèvent presque toujours, au point de vue qui nous occupe, des questions de diagnostic difficiles à résoudre (2); et il est probable que les faits cités par M. Finot ne présentent pas tous des garanties suffisantes d'observation personnelle; aussi n'insisterons-nous pas davantage sur leur sujet. Mais il est une conclusion formelle que nous en tirerons : c'est que le traitement de la goutte par les eaux de Vichy ne saurait être considéré comme un traitement banal, indifférent, que les médecins puissent prescrire sans réflexion, et les malades suivre sans méthode et sans conseils. Notre conviction profonde est, au contraire : que de toutes les maladies qui se traitent aux eaux minérales, la goutte est une de celles qui réclament le plus de prudence et de précaution dans l'administration de ces eaux. La cause n'en sera pas cherchée dans la nature de la médication, mais dans la nature de la maladie.

VI.

L'existence, ou l'imminence, ou la solution impar-

---

(1) Finot, *mémoire cité*, p. 70. Voyez encore, sur ce point, Trousseau et Lasègue : *Etudes sur les eaux minérales des bords du Rhin*, dans *Gazette des Hôpitaux*, 1846, p. 589.

(2) On aurait tort de croire, dit fort justement Guilbert, qu'un goutteux ne puisse avoir aucune maladie qui ne soit goutteuse. (*De la goutte et du rhumatisme*, 1820, p. 167.)

faite d'un accès de goutte, ne sont pas les seules contre-indications du traitement de la goutte par les eaux de Vichy.

On voit des goutteux, sans présenter de lésion déterminée vers la tête ou la poitrine, être sujets à des accidens qui, quelque légers qu'ils soient, doivent toujours alors éveiller une vive sollicitude; ainsi des étourdissemens, des vertiges, des palpitations, de la dyspnée, des crachemens de sang, etc. Nous croyons prudent à ces malades de s'abstenir des eaux de Vichy. Un peu plus prononcés, des phénomènes de ce genre suffisent ordinairement par eux-mêmes pour contre-indiquer les eaux de Vichy; ils acquièrent une importance plus grande encore chez les goutteux, surtout dans les gouttes anciennes, alors que l'influence du traitement sur la diathèse devant être beaucoup plus lente et plus difficile, il est à craindre que la perturbation amenée d'abord dans l'économie par un traitement stimulant, n'appelle la goutte vers des régions évidemment disposées à la recevoir.

Les dérangemens des voies digestives ne sauraient constituer au même titre une contre-indication à l'emploi des eaux de Vichy, puisque celles-ci exercent sur la plupart d'entr'eux une influence directement favorable. Cependant il ne faut pas oublier que, dans ce cas encore, un emploi inopportun du traitement thermal, lorsque par exemple les organes malades offrent une surexcitation trop vive pour le pouvoir supporter impunément, pourrait avoir des conséquences plus graves dans la goutte que dans d'autres maladies.

M. Prunelle recommande de s'abstenir de semblables

traitemens chez les vieillards. A une époque avancée de la vie, les lois physiologiques qui régissent les rapports des organes entr'eux sont plus ou moins altérées. La peau ne répond plus aux stimulations qu'on lui adresse, les divers appareils tendent à s'isoler, et les effets que nous attendons des eaux minérales ne peuvent plus s'opérer dans le cercle où l'observation nous a permis de les saisir. C'est alors qu'un traitement thermal peut devenir à notre insu un traitement perturbateur, portant son action sur ce qui reste de plus actif, de plus vivant dans l'organisme (1), et pouvant déterminer ainsi, au lieu d'une stimulation salutaire et prévue, des effets métasyncritiques qu'on ne supporte plus à un certain âge.

------

(1) Dans un travail publié en 1840 dans *les Bulletins de la société Anatomique* (t. xv, p. 29), *sur les altérations de l'intelligence chez les vieillards*, nous avons étudié la marche que suit, dans la vieillesse, l'affaiblissement ou l'anéantissement graduel des fonctions et des organes, et nous avons montré que le cerveau et le poumon, et le cœur aussi, finissaient par résumer toute la vitalité des vieillards, par concentrer en eux-mêmes toute leur activité organique ou fonctionnelle (Bichat, *Traité de la vie et de la mort*), et que de là venait : que les vieillards périssaient presque constamment par le cerveau ou par le poumon, et très-souvent par des affections inflammatoires ou hémorrhagiques de ces organes. Ne trouvons-nous pas là une raison physiologique de redouter l'usage des eaux minérales, et des eaux de Vichy en particulier, chez les vieillards ?

On sait que les maladies de la poitrine et de la tête, ou seulement une susceptibilité particulière des organes contenus dans ces régions, contredisent formellement les eaux de Vichy. Les vieillards ne sont-ils pas précisément dans des conditions de ce genre, puisqu'il y a chez eux prédominance organique et fonctionnelle des organes thoraciques et cérébraux ? N'est-il pas probable que la stimu-

Ainsi, accès de goutte actuel, ou imminent, ou à peine résolu, existence déjà constatée d'accidens quelconques vers la tête ou la poitrine, âge avancé, telles sont les principales conditions qui nous paraissent contre-indiquer l'emploi des eaux de Vichy dans la goutte.

Maintenant, il est évident que la direction particulière du traitement des goutteux par les eaux de Vichy devra également être subordonnée à toutes les considérations qui nous ont servi à établir les indications et les contre-indications de ce traitement.

N'ayant pas pour objet d'introduire dans l'économie un neutralisant chimique, et de l'introduire en plus grande quantité possible, nous nous garderons d'abuser de la tolérance que les goutteux, comme bien d'autres malades, présentent souvent pour l'eau minérale. Nous sommes convaincu, d'après notre expérience, conforme à la pratique de M. Prunelle, que les eaux de Vichy sont généralement prises à dose trop élevée; qu'on en obtient des effets thérapeutiques aussi prononcés en les employant à dose modérée, et qu'on se met ainsi à l'abri des inconvéniens que peut occasionner l'administration d'une trop grande quantité d'eau minérale. Si l'on songe que, en commençant le traitement par 5 ou 6 verres, puis en allant jusqu'à 12 ou 15, et même 20 ou 25 (1),

---

lation du traitement thermal s'exercera de préférence sur ces parties, que sur les organes de l'abdomen ou sur la peau, d'où la vie commence à se retirer? Cela ne sera-t-il pas enfin plus à craindre encore chez les goutteux que dans toute autre condition?

(1) Petit : *loc. cit.*, p. 567.

cela représente, par jour, approximativement, de 10 à 40 grammes de substances minérales, dont de 7 à 30 grammes de bicarbonate de soude, sans compter ce qui pénètre par les bains ; que, si l'on continue ce traitement pendant un mois, cela représente, pour une moyenne de 12 verres par jour, approximativement 630 grammes de substances minérales, dont 480 de bicarbonate de soude (toujours sans tenir compte de l'absorption faite dans les bains quotidiens), on comprend que l'attention doive s'éveiller sur les conditions nouvelles que fait à l'économie l'introduction d'une telle quantité de substances non assimilables.

Il est vrai qu'une portion notable de ces principes est éliminée, et le degré d'alcalinité des diverses sécrétions indique sans doute la proportion, bien plutôt des sels alcalins qui sont rejetés au-dehors que de ceux qui demeurent dans l'économie.

Mais à quoi bon introduire dans l'organisme une telle proportion de principes destinés à être éliminés ? L'excitation déterminée par leur présence ne pourra-t-elle dépasser les limites de ce que l'on recherche ? Savons-nous ce que produira sur l'économie l'introduction de tous ces matériaux, et, d'un autre côté, pouvons-nous compter sur une élimination dont les conditions n'ont encore jamais été étudiées ? Toutes ces questions, que nous ne pouvons résoudre, justifient sans doute le nom de *perturbatur*, que nous avons donné au traitement par les eaux de Vichy employées à haute dose, surtout dans certaines conditions de l'organisme, et les craintes que nous avons manifestées sur ses conséquences.

DES MALADIES DE L'ALGÉRIE.

Il est une application des eaux de Vichy sur laquelle nous appellerons l'attention du lecteur : nous voulons parler de l'action de ces eaux sur l'état cachectique particulier, qui succède si souvent aux maladies contractées sous l'influence du climat de l'Algérie.

Une partie des considérations que nous allons présenter seront empruntées à notre confrère et ami, M. le docteur Finot, qui, après 10 années d'une pratique distinguée dans les hôpitaux militaires d'Afrique et plusieurs saisons passées à Vichy, a pu rapprocher plus fructueusement que nous n'avons pu le faire nous-même, la pathologie africaine de la thérapeutique thermale. Les données fournies par cette double observation sont tout à fait concordantes avec les résultats de nos propres recherches, et c'est avec confiance que nous poserons les premiers jalons d'études dont l'importance pratique ne saurait échapper à personne.

Quelques mots, d'abord, sur la pathologie générale de l'Algérie.

Il est certaines conditions de climats et de localités, c'est-à-dire météorologiques et telluriques, desquelles résultent des constitutions médicales tranchées, ou même des endémicités proprement dites. Ceci ne s'observe guère en Europe que dans des limites restreintes ; mais en Afrique, il n'en est pas de même, et notre colonisation a ouvert à la médecine un champ nouveau d'observation, dont l'importance n'a peut-être pas encore été suffisamment appréciée, si ce n'est par quelques-uns des observateurs distingués qui ont vécu dans ces contrées si différentes des nôtres.

Les maladies de l'Algérie, comme celles de toutes les régions analogues, présentent ceci de particulier, que les causes générales et communes à tous les individus, sous l'influence desquelles elles naissent, impriment à l'organisme malade des caractères spéciaux, lesquels dominent à un haut degré les formes pathologiques diverses qui ont pu se développer par suite des mêmes causes. Il semble que dès qu'un individu vient habiter un tel milieu, il se trouve sous l'influence d'une diathèse particulière, et quels que soient les phénomènes pathologiques qui se développent ensuite, c'est une véritable cachexie qui leur succède, cachexie dont les caractères tranchés impriment une physionomie spéciale à tous les malades qui sortent de l'Algérie.

L'endémicité, en Algérie, paraît reconnaître pour causes appréciables : la chaleur atmosphérique, l'humidité et le miasme marécageux(1), toutes conditions dont la connexion est tellement étroite qu'elles se supposent les unes les autres, puisque c'est la chaleur qui déve-

____

(1) Voyez un chapitre intéressant sur les miasmes paludéens considérés comme cause de dysenterie, dans Cambay, *de la dysenterie et des maladies du foie qui la compliquent*, 1847, p. 14-25.

loppe l'humidité, laquelle sert de véhicule aux miasmes paludéens (1).

Sous l'influence de ces causes et des conditions bien plus nombreuses encore qui constituent le climat de l'Algérie, naît une endémicité qui se traduit elle-même par quatre formes morbides : 1° la fièvre intermittente, 2° la diarrhée, 3° la dysenterie, 4° l'ophthalmie. La connexion que nous indiquions tout à l'heure entre les causes appréciables de cette endémicité, nous la retrouvons entre ces états pathologiques, qui se succèdent, s'alternent, se remplacent dans une même localité sous forme épidémique, frappant à des degrés divers un grand nombre d'individus à la fois, et chez un même individu sévissant alternativement à des époques différentes, etc. (Finot). Ajoutez à cela les maladies du foie ou le désordre de la sécrétion biliaire qui, en Afrique comme aux Indes, compliquent presque toutes les autres maladies, et vous aurez une image fidèle de la pathologie qui naît sous l'influence de ce climat.

Les inflammations des organes thoraciques, si communes dans nos contrées, la fièvre typhoïde surtout, cette grande endémicité du milieu dans lequel ont été élevés la plupart des observateurs en France, ne se retrouvent presque plus en Afrique ; tout cela est remplacé par les maladies du foie, les fièvres intermittentes et les maladies du gros intestin, dysenterie ou diarrhée,

---

(1) Finot : Mémoire inédit, présenté au Conseil de santé, *sur le traitement spécial des dysenteries chroniques d'Algérie par les eaux de Vichy.*

toutes expressions variées d'une diathèse commune, ainsi que des manifestations différentes viennent traduire à nos yeux la diathèse syphilitique, comme se montrent à nous, sous l'influence d'une diathèse strumeuse, des symptômes et des lésions diverses.

C'est donc avec un esprit bien différent qu'il faut envisager en Afrique, ou en France, les fièvres intermittentes, par exemple, rapprochées des maladies abdominales. « Tout se tient dans ce qui compose la pathologie de l'Afrique, dit un de nos médecins militaires les plus instruits, M. le docteur Haspel; ici les maladies ne sont pas superposées, elles ne sont que congénères; elles forment les anneaux entrelacés d'une même chaîne; elles se pénètrent; elles sont coexistantes et successives. Diviser, comme on le fait, la pathologie de ce pays en mille groupes distincts... c'est détacher un des anneaux de cette longue chaîne de maladies; c'est briser le lien qui les unit... (1) ».

L'influence du climat de l'Algérie se montre dès l'apparition des maladies qui s'y développent. La marche des maladies aiguës, leurs caractères généraux et surtout peut-être leur traitement, diffèrent singulièrement de ce que l'on observe en France. Marche moins aiguë, caractères inflammatoires moins tranchés, moins tenaces, tolérance enfin pour des médications impossibles en France, pour des médications héroïques qui réussissent non-seulement au nord de l'Afrique, mais aussi et plus sûrement peut-être encore, au Sénégal, au Cap, entre

____

(1) Haspel : *Maladies de l'Algérie*, 1850, t. i, p. 9.

les mains des médecins français et anglais (Finot). Et, que l'on ne s'y trompe pas, ce n'est pas sous l'influence directe et immédiate du climat que ces différences se produisent, c'est sous l'influence de la diathèse, lentement et graduellement développée dans l'économie par l'action continue de ce climat. Chez les nouveaux venus, en effet, ce sont encore les maladies de France que l'on observe, les phlegmasies franches, les fièvres typhoïdes, et chez eux, il faut user encore des médications énergiques ou spéciales auxquelles on aurait recours parmi nous; mais en général, quand on a subi un séjour assez long pour que la diathèse ait pu se développer, ce sont d'autres phénomènes qui apparaissent, et surtout d'autres médications qui sont réclamées.

Ces caractères, que l'action seule de la diathèse imprime aux maladies dès leurs premières périodes, deviennent bien plus prononcés encore quand, la cause continuant d'agir, les altérations qu'elle avait engendrées ont continué de se développer. L'organisme s'altère alors profondément, sous la double influence et de la diathèse dont l'empreinte se creuse en quelque sorte de jour en jour, et des lésions organiques, souvent si graves et si profondes que vient révéler plus tard l'examen anatomique. Les malades présentent alors une cachexie, appelée de sa cause la plus saillante *cachexie paludéenne*, caractérisée surtout par la prostration, la faiblesse musculaire, la petitesse et la rareté du pouls, la pâleur des tissus, l'abaissement de la chaleur animale, la diminution d'énergie dans toutes les fonctions, enfin la prédominance séreuse et la défibrination du sang, constatées à l'aide de la chimie pathologique (Finot). C'est là ce que les médecins d'Afrique ont encore appelé *chloro-anémie*, et dont les caractères extérieurs ou organiques ne sont pas moins identiques et frappans, quelle que soit la détermination pathologique qui puisse servir à établir des divisions dans cette cachexie.

Il n'est pas nécessaire d'aller en Afrique pour constater une partie des faits que nous venons d'exposer. Un assez grand nombre de malades, venant d'Algérie, se rencontrent chaque année à Vichy, pour que l'on puisse reconnaître et les caractères de la diathèse africaine, chez des malades légèrement affaiblis ou n'ayant subi que des atteintes passagères des accidens que nous avons énumérés, et surtout ceux de la cachexie dite *paludéenne*, avec ses formes variées, mais ses apparences presque toujours identiques.

L'hôpital militaire de Vichy reçoit la plupart de ces *Africains*, et emprunte à leur réunion une physionomie très-remarquable, qu'il est intéressant de rapprocher de celle que nous offre la population de l'hôpital civil.

Les maladies qui dominent, à l'hôpital civil de Vichy, sont les dyspepsies, les rhumatismes, les engorgemens du foie et les engorgemens de la rate, suites de fièvres intermittentes.

Ces dernières n'y viennent guère de ces parties marécageuses de la France, comme la Sologne, la Bresse, la Dombe surtout, où l'énergie des causes paludéennes peut être rapprochée d'une partie de l'étiologie d'Afrique, mais où la différence de climat restreint à peu près exclusivement aux fièvres intermittentes les consé-

quences des miasmes marécageux. La plupart viennent
de certaines localités humides et malsaines du Bourbonnais, de l'Auvergne ou du Lyonnais, et les conditions
étiologiques qui dominent chez tous ces malades, fiévreux,
rhumatisans ou dyspeptiques, sont surtout des conditions hygiéniques telles qu'alimentation insuffisante, lo-
gemens vicieux, excès de travail, la misère surtout,
planant sur certaines populations, comme les influences
climatériques sur d'autres.

Cependant nous retrouvons ici, à un moindre degré,
il est vrai, mais assez prononcées pour mériter une attention réfléchie, des cachexies assez semblables à celles
que nous envoie le climat de l'Algérie : prostration des
forces, pâleur, bouffissure, affaiblissement de toutes les
fonctions, nécessité d'une médication tonique et stimulante, contre-indication de toute médication débilitante,
enfin un état auquel peut convenir également le nom de
chloro-anémie, si souvent employé par les médecins
d'Afrique.

Ainsi il n'y a pas aussi loin qu'on pourrait le penser
d'abord, de ces fièvres intermittentes, de ces dyspepsies,
de ces rhumatismes, de ces engorgemens viscéraux dé-
voloppés en France, et des dysenteries, des diarrhées,
des fièvres intermittentes et des maladies du foie que
l'Algérie envoie peupler l'hôpital militaire de Vichy.

Si les cachexies développées par l'action du climat de
l'Afrique se distinguent par l'altération profonde qu'elles
impriment à l'économie, elles n'offriraient donc point,
une fois sorties du milieu qui les avait vues naître, de
caractère de spécialité proprement dite. Non sans

doute : car, lorsqu'elles n'ont pas trop profondément atteint les ressorts de l'organisme, il suffit souvent de se soustraire aux causes qui les ont produites pour qu'elles s'évanouissent sans retour, à moins qu'on ne vienne à s'y replonger de nouveau. On commence aujourd'hui à s'entendre sur la valeur du mot acclimatement (1).

Toutes les considérations que nous avons développées dans une autre partie de ce travail, sur l'influence favorable que la médication excitante essentiellement constituée par les eaux thermales exerce sur les conditions générales de l'économie, commune dans les maladies chroniques, sur les diathèses et sur les cachexies, trouvent donc encore ici leur place (2). « Cet état général, dit M. Finot, que nous tenons à laisser parler lui-même, parce qu'il a observé sur un tout autre terrain que nous et sous d'autres préoccupations, cette cachexie, s'il est possible de l'abstraire pour un instant des localisations morbides qui l'accompagnent, ne semble-t-elle pas appeler l'indication, je ne dirai pas seulement des eaux de Vichy, mais j'oserais presque dire de la première eau minérale venue? L'usage des bains minéraux, chauds et stimulans, d'une boisson tonique et digestive, comme celle de la plupart de ces eaux, ne serait-il pas

---

(1) Aubert-Roche : *Essai sur l'acclimatement des Européens dans les pays chauds*, dans *Annales d'hygiène*, etc., t. 51, 52, 53 et 55. Bourdin : *Etudes sur la mortalité et l'acclimatement de la population française en Algérie*, dans *Annales d'hygiène*, etc., 1847, t. 57, p. 559.

(2) Voyez pag. 27 et suiv.

dans ces cas parfaitement approprié pour combattre avec avantage l'hyposthénie nerveuse et sanguine qui frappe les fonctions dans leurs racines (1)? »

Dans tous les cas, l'expérience a déjà prononcé. Nous avons reconnu, chez les malades civils de l'Algérie auxquels nous avons donné des soins nous-même, et les caractères généraux de la diathèse ou de la cachexie que nous venons de décrire, et les résultats bienfaisans que l'on pouvait attendre des eaux de Vichy. Engorgemens viscéraux, suites de fièvres intermittentes surtout, nous les avons vus éprouver à Vichy les mêmes améliorations que les maladies correspondantes développées en France, et d'une manière plus rapide et plus frappante encore, par cela même que les phénomènes cachectiques étaient plus prononcés. Nous ne contestons nullement la part que le changement de climat a dû prendre au rétablissement de ces malades : mais nous ferons remarquer que chez plusieurs d'entr'eux qui sont retournés en Afrique, après leur séjour à Vichy, l'amélioration a persisté, ce qu'il n'eût guère été permis d'attendre d'un simple voyage.

Les mêmes principes doivent diriger dans l'emploi des eaux de Vichy, chez les malades dont nous nous occupons, et chez ceux qui viennent prendre ces eaux dans de tout autres conditions. Pour les affections de l'intestin, il faut saisir le moment où les phénomènes inflammatoires sont le moins prononcés possible. Nous

---

(1) Finot : *Mémoire inédit.*

croyons difficile de préciser des indications positives
d'après le diagnostic anatomique de la diarrhée ou de la
dysenterie. M. Finot a vu des malades succomber au
bout de 8 à 10 mois à des dysenteries chroniques, sans
que l'intestin présentât aucune altération appréciable
(ce qui est rare), ou autre chose que des altérations légères et superficielles, lorsque tout devait faire croire
à l'existence de lésions profondes et étendues; et d'un
autre côté, on trouve souvent, dans les intestins le plus
profondément altérés, de nombreuses cicatrices qui
prouvent que les ulcérations elles-mêmes sont parfaitement susceptibles de guérison.

C'est donc uniquement d'après les symptômes que
s'établira l'indication des eaux de Vichy dans la dysenterie. Nous la formulerons en disant : que les eaux de Vichy
seront indiquées dans les cas où les signes généraux de
la cachexie domineront les phénomènes locaux de la dysenterie, et ne devront être employées qu'après que ces
derniers auront été atténués, ou par la marche spon-
tanée de la maladie, ou par l'emploi d'une médication
convenable. Chez les malades de ce genre, c'est surtout
par les bains que l'on agira, les bains prolongés, de piscine surtout, lorsque ce sera possible : ce n'est qu'avec
d'extrêmes précautions et à très petites doses qu'on permettra l'eau à l'intérieur, et quelquefois il faudra savoir
s'en abstenir complètement. Il m'est arrivé d'être obligé
d'en venir là, après avoir long-temps essayé, suspendu
à différentes reprises, l'eau des diverses sources de
Vichy. Le retour ou la persistance des accidens dysenté-
riques ou diarrhéiques réclamera, du reste, concurrem-

ment avec les eaux de Vichy, l'emploi des moyens les plus propres à combattre certains symptômes particuliers.

Chez les fiévreux au contraire, on ne pourra employer les bains que dans le plus petit nombre des cas, et encore avec de grandes précautions. Ici c'est à l'usage interne qu'il faudra surtout recourir ou même se borner. La source *Lardy*, ferrugineuse, sera presque toujours indiquée, ainsi que la *grande Grille*, chez les malades dont les voies digestives ne seront pas très susceptibles.

Il se présente ici une question importante : l'existence actuelle d'accès de fièvre contre-indique-t-elle l'usage des eaux de Vichy ?

On voudra bien remarquer d'abord que ce n'est pas la fièvre que l'on vient traiter à Vichy. C'est la diathèse qui l'a engendrée, et la cachexie qui lui succède. Il convient donc, avant de commencer un traitement qui s'adresse spécialement aux conditions générales du malade, de débarrasser celui-ci, autant qu'on pourra le faire, de symptômes dans lesquels, nous l'avons suffisamment indiqué, ne réside nullement le génie de la maladie, mais qui n'en sont qu'une manifestation. On s'efforcera donc de couper les accès de fièvre avant de commencer le traitement thermal, bien que leur persistance ne soit pas une absolue contre-indication à l'administration de l'eau de Vichy. Si la fièvre survient de nouveau pendant le traitement thermal, on agira de même, et on ne comptera nullement sur ce dernier pour la faire disparaître. On comprend du reste que c'est surtout dans les

cas de ce genre que l'usage des bains sera formellement
contre-indiqué.

Une considération importante chez ces sortes de malades, est la saison favorable à l'emploi des eaux de Vichy.
M. Finot insiste avec raison sur ce sujet. Les individus
affectés de dysenterie et de diarrhée, ou de maladies du
foie, éviteront les mois de juillet et d'août, où la température, toujours si défavorable à de telles affections,
pourrait s'opposer aux effets bienfaisans des eaux. Le
mois de mai et le mois de septembre seront préférés.
Quant aux fiévreux, il n'en sera pas de même, et ils
éviteront surtout de venir à Vichy pendant le mois de
septembre, non que le séjour de Vichy soit particulièrement à redouter alors, mais parce que cette époque de
l'année est essentiellement défavorable aux individus sujets à la fièvre intermittente.

Chez tous ces malades, l'eau de Vichy sera toujours
administrée avec modération, et cela d'autant plus qu'ils
seront en proie à une cachexie plus profonde : l'abus
d'un traitement alcalin pourrait avoir de funestes conséquences chez des malades dont un des caractères est
une tendance à la défibrination du sang. Il ne faut pas
oublier qu'auprès des propriétés excitantes et toniques
des eaux de Vichy, se trouve placée une action chimique
qui, si on la laissait se développer, agirait exactement
en sens inverse des effets que l'on voudrait produire.
Il nous suffit d'indiquer ici ce point sur lequel nous reviendrons dans un des chapitres suivans.

On peut voir, par ces courtes observations, que le
traitement des maladies de l'Algérie, par les eaux de

Vichy, peut offrir d'importantes ressources pour la thérapeutique, et d'intéressantes études pour la pathologie. Nous ne doutons pas que l'avenir ne sanctionne les premières et ne nous permette également de mettre les autres à profit.

TROISIÈME PARTIE.

—

PRATIQUE DES EAUX DE VICHY.

—

Nous avons, dans la première partie de cet ouvrage, considéré les propriétés thérapeutiques des eaux de Vichy sous le point de vue le plus général, et en les rapprochant des autres eaux minérales, condition nécessaire pour tirer quelque profit de cette étude. Nous avons ensuite, à l'aide d'observations cliniques, présenté les applications à quelques-unes des maladies que l'on traite à Vichy, des principes précédemment exposés.

Nous allons maintenant, entrant de plus en plus dans les questions pratiques, étudier les différens modes d'administration des eaux de Vichy, toujours sous le rapport des indications qui peuvent en résulter, ou auxquelles on doit avoir égard. Seulement nous commencerons, comme nous l'avons déjà fait, par rapprocher les autres eaux minérales de celles qui nous occupent spécialement, et nous exposerons d'abord la méthode générale des indications qui leur sont relatives.

DE LA SPÉCIALITÉ D'ACTION DES EAUX MINÉRALES.

Dans un chapitre intitulé, *Considérations générales sur les propriétés thérapeutiques des eaux de Vichy* (1), nous avons développé cette idée : que les eaux minérales constituent une classe à part d'agens thérapeutiques, exerçant sur l'organisme une action commune, l'excitation ou la stimulation, et propres à remplir, par conséquent, un ordre particulier d'indications : relever au ton normal les organes affaiblis et les fonctions amoindries, ou surexciter, dans tel ou tel but thérapeutique, tel organe ou telle fonction.

Après avoir étudié l'action commune des eaux minérales, nous devons en étudier l'action spéciale : c'est un ordre d'exposition logique et que commandait la matière. Ce travail n'est donc que le complément du précédent : nous y développerons succinctement quelques points seulement indiqués dans le chapitre précédent, et que nous avons laissés dans l'ombre pour en mieux faire ressortir l'idée principale.

Lorsque les eaux minérales étaient peu connues en-

---

(1) *Voyez* page 20.

core, et isolées les unes des autres autant par la distance
que par le défaut de notions précises à leur sujet, il
fallait bien avoir recours à cette communauté d'action
que nous avons indiquée, et sans égard pour leur spécialité, presque toutes les maladies qui peuvent réclamer utilement les eaux minérales s'adressaient à une
même source, ainsi que font souvent encore aujourd'hui
les habitans des localités où elles existent. Si nous avons
rappelé la médecine que Bordeu faisait aux Eaux Bonnes,
dans le siècle dernier, et comment il y traitait presque
toutes les maladies que l'on observe aujourd'hui à Vichy,
ce n'était pas pour offrir un modèle, mais pour en tirer
un enseignement dont la signification n'a pu échapper à
personne.

Aujourd'hui que, par suite des nombreux travaux publiés et de la facilité des communications, de la notoriété
enfin, les eaux minérales sont mieux connues, il ne
viendra à l'esprit de personne de choisir les Eaux Bonnes,
par exemple, pour y traiter des dyspepsies, des engorgemens du foie, des affections de vessie, parce que de
telles affections ont pu y être traitées avec avantage; pas
plus qu'on ne reviendra, dans la syphilis, aux formules
uniformes du traitement mercuriel, aujourd'hui qu'à
chacune des périodes et des formes de cette maladie
peut être adressé un traitement spécial, non moins précieux pour son efficacité que pour son innocuité relative.

C'est donc cette spécialité des eaux minérales, laquelle
nous serait bien mieux connue, si les travaux propres à
nous éclairer sur ce sujet n'étaient en général conçus
dans des points de vue un peu exclusifs, et n'avaient en

quelque sorte pris à tâche de s'abstenir de toute généralisation, c'est cette spécialité des eaux que nous allons étudier : seulement nous nous contenterons d'indications succinctes, dont la nature même du sujet nous fait une loi, sous peine de nous engager dans des développemens dont ce n'est point ici la place.

Les eaux minérales doivent être étudiées et administrées suivant les mêmes principes que tous les autres agens de la thérapeutique.

Etant donnée une classe d'agens thérapeutiques, les purgatifs, par exemple, ou les narcotiques, on commence par y établir des divisions, dans chacune desquelles encore chaque *individualité médicamenteuse*, si je puis ainsi dire, soit espèce différente, soit préparation différente d'une même espèce, répond à quelqu'indication spéciale. Il en est précisément de même des eaux minérales classées et comparées entr'elles.

Ce rapprochement que nous faisons, au point de vue dogmatique et pratique, est, suivant nous, d'une exactitude absolue ; et les règles qui présideront, dans l'esprit du praticien, au choix d'une eau minérale, seront identiquement les mêmes que celles qui lui feront préférer, dans un cas donné, tel purgatif, tel vomitif, tel narcotique, à tel autre agent de la même médication.

Il est incontestable que le choix de la méthode à suivre dans le traitement d'une maladie, et de son mode d'exécution, ne dépend pas toujours de la libre volonté du médecin. Nous ne voulons pas seulement parler des indications et des contre-indications, provenant de conditions extérieures ou individuelles, qui viendront modifier le traitement formulé d'abord, ou qui surgiront pendant le cours de la maladie. Nous voulons parler de circonstances étrangères à la question médicale elle-même : ainsi l'impossibilité de se procurer tel médicament, ainsi la pauvreté du malade s'opposant à l'emploi d'une médication coûteuse, sa pusillanimité à une médication douloureuse, ses préjugés enfin à ce que vous voudriez lui prescrire ; que sais-je ! le secret de sa maladie à l'adoption du meilleur mode de traitement.

Voilà une foule de cas qui se présentent chaque jour aux praticiens, et dans lesquels il faut recourir à des moyens variés pour arriver au même but : la guérison du malade. Et il ne faut pas se dissimuler que le résultat ne souffrira pas toujours de ces différens modes d'agir. On n'en concluera certainement pas contre l'efficacité de la thérapeutique : la possibilité d'arriver au même but, par des moyens divers, est un témoignage de richesse et non pas d'indigence.

Il en sera exactement de même pour les eaux minérales. Des considérations variées, la distance, infranchissable pour certains malades, la dépense nécessaire d'argent ou de temps, la saison avancée, ou bien encore certaines contre-indications rencontrées chez un malade, empêcheront de l'envoyer aux eaux qui semblaient d'abord le mieux indiquées pour lui. S'abstiendra-t-on pour cela de tout traitement thermal? Non, pas toujours, sans doute. Et si l'on veut ne pas procéder alors avec la légèreté qui préside si souvent à de telles décisions, il pourra arriver, comme dans l'emploi d'autres médications, que l'on obtiendra d'aussi bons résultats que si rien n'eût entravé le choix indiqué d'abord.

Les considérations que nous venons d'esquisser viennent tous les jours se placer entre le médecin et le malade, et leur appréciation entre certainement pour une grande part dans la science des indications et l'art de les remplir. Maintenant, dans quelles limites peuvent-elles prendre part au choix d'une eau minérale ? C'est ce que nous allons étudier.

Les indications relatives aux eaux minérales seront empruntées à un double point de vue : la considération de l'eau minérale, et la considération du malade.

Celles qui dépendent des eaux elles-mêmes se rattachent : à la composition chimique de celles-ci, à leur température, à leurs conditions géographiques, enfin à d'autres circonstances accessoires, telles que la saison, l'éloignement, le mode d'administration des eaux, etc.

On peut diviser les eaux, suivant leur composition chimique, en eaux *alcalines*, *sulfureuses*, *ferrugineuses* et *salines*. Cette division n'est pas nouvelle : en effet, dès que la prédominance de différens principes a été constatée dans les eaux minérales, elle a dû en constituer la division naturelle. Quelle en est maintenant la signification physiologique ? La voici telle que l'expérience nous l'a fournie.

Eaux alcalines; action spéciale sur les organes digestifs et leurs annexes, et sur les voies urinaires;

Eaux sulfureuses; action spéciale sur la peau et sur les muqueuses respiratoires;

Eaux ferrugineuses; action spéciale sur le sang;

Eaux salines ; action spéciale sur la peau.

Mais ce soufre, ce fer, etc., ne représentant pas l'eau minérale elle-même, mais seulement l'élément qui y domine, il est certain que de la composition complexe de ce médicament devra ressortir une action thérapeutique complexe : autrement, on remplacerait indifféremment celle-ci par du fer, celle-là par du soufre, cette autre par du bicarbonate de soude. Nous retrouvons bien dans ces eaux l'action connue et spéciale du fer, du soufre, du bicarbonate de soude, mais de plus, une action commune dépendant de la constitution générale des eaux minérales, et s'étendant à toutes les parties de l'organisme qui les reçoit ; ce que nous avons étudié sous le nom d'*excitation.*

Ainsi, pour bien rendre notre pensée, si l'eau de Cauterets est spécialement sulfureuse, elle possède en outre les diverses qualités de composition et les propriétés d'action qui sont communes à toutes les eaux minérales ; d'une autre part, si le soufre des eaux de Cauterets agit spécialement sur les muqueuses respiratoires et sur la peau, l'ensemble de la constitution de cette eau agit en outre sur le reste de l'organisme, stimule les voies digestives, active la sécrétion urinaire, etc. Il en est ainsi des autres eaux.

Les eaux de Vichy se distinguent entre toutes par leur spécialité d'action sur les fonctions digestives, sur les sécrétions du foie et des reins. Mais elles agissent aussi sur la peau et sur le sang, surtout dans certaines sources, où une proportion notable de soufre ou de fer vient s'unir aux élémens constitutifs des eaux de Vichy.

Croit-on que toute l'efficacité des eaux de Spa se doive résumer dans les $0^{gr},077$ de carbonate de fer qu'elles renferment, et dans leur action spécifique sur le sang, et que les $0^{gr},909$ de substances minéralisantes qu'elles contiennent, outre le fer, sans compter l'acide carbonique qui s'en dégage, ne prennent pas encore une part importante dans leur action thérapeutique, bien que ce ne soit pas assurément de corriger directement la constitution des globules du sang?

C'est dans ce sens que nous avons pu dire que les eaux minérales exercent toutes sur l'économie une action semblable, à laquelle vient se surajouter tantôt celle du soufre, tantôt celle des alcalins, ou celle du fer.

Maintenant, pourquoi les eaux sulfureuses agissent-elles spécialement sur certaines muqueuses et sur la peau, les eaux alcalines sur d'autres muqueuses et sur les annexes de l'appareil digestif, les eaux ferrugineuses sur le sang? Cela revient à demander la cause des propriétés spéciales du soufre, du bicarbonate de soude ou du fer sur tels appareils ou sur tels liquides de l'économie. Or, nous savons bien que le fer vient apporter au sang un des élémens qui lui manquent. Mais savons-nous quelque chose de semblable à propos du soufre ou du bicarbonate de soude? Non, sans doute. Ici nous retombons quelque peu dans l'empirisme, car pour les explications chimiques que l'on a données de l'action physiologique des alcalins, nous savons qu'il y a beaucoup à en rabattre.

Vient un autre groupe d'eaux minérales dont l'action

est bien plus difficile à définir, à *spécialiser*. Nous voulons parler des eaux salines. Nous avons dit que celles-ci agissent surtout sur la peau : ceci s'applique principalement à celles qui paraissent devoir à leur température élevée la majeure partie de leur efficacité; ainsi celles de Néris, du Mont-d'Or, de Plombières, que l'on boit à la température de 40 à 55°, et que l'on prend en bains très chauds, en douches, en bains de vapeur, etc.

Mais l'histoire et le classement des eaux salines, c'est-à-dire de celles que ne caractérise la prédominance ni du soufre, ni du fer, ni des alcalins, est encore à peine ébauché. Auprès de ces eaux dont la thermalité paraît la plus importante propriété, nous en trouvons d'autres que l'on pourrait appeler eaux *salées* (1), où domine le chlorure de sodium, ainsi Bourbonne-les-Bains, où on le trouve à la dose de 5^{gr},388 sur 7^{gr},431 de substances minéralisantes, Wiesbaden, à la dose de 4^{gr},690 sur 5,678, etc. Est-ce à cela que ces eaux doivent de convenir spécialement dans le traitement des maladies scrofuleuses?

A ces déductions tirées de la composition des eaux minérales, viendront s'ajouter des déductions plus directement empiriques encore. Ainsi, il se peut qu'on ne trouve rien, dans la composition chimique des eaux, qui soit de nature à guider vers l'usage qu'on en fait.

---

(1) MM. Trousseau et Lasègue ont fait une étude intéressante des eaux *salines muriatiques*, dans *Gazette des Hôpitaux*, 1848, n°ˢ 71, 72, 74, 75.

Voici l'analyse chimique, comparée, des eaux de Néris et du Mont-d'Or :

	Mont-d'Or.	Néris.
Bicarbonate de soude.........	0,633	0,37
Sulfate de soude	0,065	0,37
Chlorure de sodium.........	0,380	0,20
Carbonate de chaux et silice...	0,370	0,17
Carbonate de magnésie	0,060	—
Oxyde de fer	0,010	—
	1,518	1,11

Les eaux du Mont-d'Or exhalent de l'acide carbonique (quantité indéterminée), celles de Néris, de l'air contenant un excès d'oxygène. Ajoutez enfin à cela une température également élevée, de 42 à 45° pour le Mont-d'Or, et de 51° pour Néris.

Tout le monde connaît cependant la spécialité d'action des unes et des autres. Et tandis que l'on traite au Mont-d'Or, avec succès, les affections pulmonaires chroniques, les laryngites et les catarrhes bronchiques surtout, car ce n'est qu'avec une grande réserve que le savant inspecteur du Mont-d'Or, M. Bertrand, étend à la phthisie leur efficacité (1), il faut à peu près se contenter, à Néris, de traiter les affections nerveuses et rhumatismales.

Pourquoi les eaux de Lavey (Suisse) sont-elles si précieuses dans le traitement des scrofules, ce dont ne nous permettent pas de douter les observations de M. Le-

---

(1) Bertrand : *Recherches sur le Mont-d'Or*, 1825.

bert (1) et celles de son consciencieux successeur, M. Cossy (2)? Elles dégagent de l'azote, du gaz sulfydrique, de l'acide carbonique, et contiennent une proportion peu considérable de principes minéralisateurs, chlorures, sulfates et carbonates de soude, de chaux, de magnésie, etc., avec une température de 43° cent. Il est vrai qu'on y a trouvé des traces de bromures et d'iodures. Mais M. O. Henri en a également trouvé dans les eaux de Vichy, et cependant nous n'avons aucune raison d'attribuer à celles-ci quelqu'efficacité dans le traitement des scrofules.

Comment se fait-il qu'à Vichy même, des sources toutes semblables pour leur composition chimique et leur température, celles de la *grande Grille* et de l'*Hôpital*, ne puissent, dans beaucoup de cas, se remplacer l'une l'autre? que celle des Célestins, qui ne s'en distingue guère que par sa température plus basse, ait des applications toutes différentes (3)?

Tout ceci prouve que les eaux minérales, comme tous les médicamens, possèdent une spécialité d'action, qui se retrouve même dans les sources les plus voisines, comme dans les différens modes de préparation d'un même agent thérapeutique.

Nous passerons rapidement sur les autres conditions

---

(1) Lebert : *Comptes rendus des eaux de Lavey, pendant les saisons de 1839, 40 et 41.* (Lausanne.)

(2) Cossy : *Bulletin clinique de l'hôpital des bains de Lavey,* 1848. (Lausanne.)

(3) Lucas : *Notice médicale sur les eaux de Vichy,* 1823.

propres aux eaux minérales, et qui doivent rentrer dans le cercle de leurs indications.

La température est évidemment un élément important de l'action des eaux thermales ; mais il est difficile d'en faire encore la part physiologique. Nous sommes porté à croire, d'après nos observations, que c'est là la partie du traitement thermal qui agit le plus spécialement sur la circulation sanguine, que c'en est l'excitant spécial, comme le bicarbonate de soude est un excitant spécial des voies urinaires et des sécrétions gastro-intestinales. Quant à l'action manifeste de la thermalité des eaux sur les fonctions de la peau, évidemment elle est toute autre que celle des sulfureux (1).

La situation géographique d'un établissement thermal sera prise en grande considération : il ne saurait être indifférent d'envoyer un malade à Barèges, à 652 toises au-dessus du niveau de la mer, ou à Enghien. L'éloignement des eaux sera tantôt un obstacle à leur usage, tantôt au contraire une condition recherchée. Enfin, certaines circonstances plus accessoires encore ne doivent pas toujours être négligées : ainsi la nature des exercices hygiéniques ou des distractions que permettra la nature de la localité ou de la population qui s'y rassemble.

Quant au mode d'administration des eaux, celles du Mont-d'Or donneront une idée des ressources que peut

---

(1) Le Bret : *Etudes cliniques sur le traitement thermal*, thèses de Paris, 11 avril 1851.

créer l'habile direction d'un établissement thermal, et des indications qui en peuvent découler.

Lorsque l'on possédera ces notions générales sur l'ensemble des eaux thermales et sur les indications qu'elles peuvent remplir, il restera à interroger le malade qu'on y veut envoyer, et à chercher quelles indications il présentera de son côté.

Il résulte de ce que nous avons dit précédemment, que la nature de la maladie, considérée d'une manière générale, s'accommoderait spécialement à telle ou telle sorte déterminée d'eaux minérales. Ainsi, la dyspepsie, les engorgemens du foie, la gravelle, etc., donneront aussitôt l'idée des eaux de Vichy et des eaux alcalines en général ; les maladies de peau des eaux sulfureuses ; la chlorose des eaux ferrugineuses ; les rhumatismes des eaux salines à haute température ; les affections de l'appareil respiratoire feront penser à Cauterets, à Bonnes et au Mont-d'Or, bien que ces dernières appartiennent à des classes d'eaux minérales fort différentes.

Mais cette première considération ne sera pas suffisante.

Il est vrai que, chez certains individus, les maladies chroniques peuvent se montrer dans un grand état de simplicité et aussi localisées que possible. Alors il n'y a qu'à suivre la marche que nous venons d'indiquer : à chaque maladie son remède. Il suffira presque d'une simple formule. C'est le propre également de quelques maladies en particulier : ainsi, pour les calculs biliaires, nous croyons qu'on peut établir comme règle, à leur sujet, la supériorité des eaux de Vichy sur toute autre méthode thérapeutique et sur toute autre eau minérale.

Mais il est loin d'en être toujours ainsi. De même que nous avons vu que les eaux minérales, par la complexité de leur composition, quel que soit l'élément qui y domine, constituaient un agent médicamenteux essentiellement complexe, de même il s'en faut que les maladies chroniques soient quelque chose de simple. C'est surtout dans les maladies chroniques que la médecine de l'organe, ou du symptôme, sera aussi insuffisante en thérapeutique qu'inexacte en pathologie.

Chez la plupart de ces malades, l'attention doit se porter non-seulement sur l'organe malade, mais sur les conditions générales de l'organisme, sur la diathèse ou sur la cachexie, c'est-à-dire sur les conditions générales qui ont précédé la maladie et dont les influences l'ont fait naître, ou sur celles qui l'ont suivie et sont nées sous sa dépendance. Je cite des exemples, et je les prends dans le cercle des observations que j'ai pu faire.

On désigne généralement en Afrique sous le nom de *cachexie paludéenne*, la cachexie que présentent les individus atteints ou de fièvre intermittente, ou de dysenterie, ou de maladies du foie, sous l'influence du climat de l'Algérie, quelles que soient les conditions complexes sous lesquelles se développe effectivement cette cachexie. Les nombreux malades, civils ou militaires, que l'Algérie envoie chaque année à Vichy, ont mis hors de doute que ces eaux constituent la médication la plus efficace à opposer à cette cachexie. Or, qu'il s'agisse d'engorgemens d'organes divers, de fièvre intermittente, de dysenterie, d'anémie simple, comme c'est la cachexie que corrigent les eaux de Vichy, celles-ci réussissent toujours aussi bien, quel que soit l'état particulier qui en soit résulté (1).

Si, dans une affection d'estomac ou du foie rebelle, et qui semble indiquer parfaitement les eaux de Vichy, vous rencontrez dans les antécédens quelqu'affection dartreuse, vous trouvez, dans la constatation d'une telle diathèse, une raison suffisante de traiter par les eaux sulfureuses cette maladie locale que les alcalins semblaient réclamer. Autant en dirons-nous de la diathèse syphilitique, à laquelle se rattachent souvent des symptômes ou des lésions invétérées. Nous ignorons encore jusqu'à quel point les eaux alcalines ont de prise sur elles : mais nous savons que les eaux sulfureuses leur conviennent bien davantage (2).

N'est-ce pas là cette *médecine étiologique*, qui consiste à opposer aux causes des maladies une médication, plutôt appropriée à la nature de ces causes elles-mêmes qu'à la maladie qui en est dérivée, et pour laquelle on a déjà signalé les ressources que peut offrir la thérapeutique thermale (3).

S'agit-il, au contraire, de simples complications, le médecin se guidera d'une manière analogue. Il arrive

---

(1) *Voyez* p. 168 : *Des Maladies de l'Algérie.*

(2) Dassier : *De l'emploi des eaux thermales sulfureuses, comme élément essentiel du traitement de la syphilis constitutionnelle,* dans *Journal de Médecine de Toulouse,* janvier 1851. *(Union médicale* du 25 février 1851.)

(3) *Sur l'étude des eaux minérales,* dans *Gazette médicale,* 1847, p. 571 et 757.

tous les jours qu'un malade qu'on voudrait envoyer à Vichy présente vers les organes de la respiration quelque contre-indication formelle à l'emploi de ces eaux. On pourra trouver alors à Cauterets, ou à Bonnes, ou à Saint-Sauveur, une médication qui, moins bien appropriée peut-être, n'en agira pas moins pour cela sur les organes affectés, et sera dès-lors tolérée sans inconvéniens.

A quoi bon multiplier ces exemples?

Lorsque l'on se contente de dire : telles eaux minérales guérissent telles maladies, comme on a trop généralement fait jusqu'ici, la tâche du praticien semble d'abord facile. Mais comme il n'y a pas assez de maladies pour toutes les eaux minérales, celles-ci viennent à se les disputer entr'elles, et le praticien retombe dans l'embarras.

D'après la méthode que j'ai suivie dans ce travail, le praticien aura un peu plus de peine : il faudra que sur les notions qu'il aura acquises, il se charge d'instituer lui-même les indications; mais aussi procédera-t-il bien plus sûrement dans la pratique des eaux minérales, et aura-t-il à sa disposition tout un système de thérapeutique qu'il maniera lui-même de loin, car on est maître d'une médication quand on connaît les indications qu'elle remplit.

Je me sers du mot de méthode; c'est en effet à peu près tout ce que je pouvais faire, dans ce court chapitre, que d'indiquer la méthode à suivre pour apprécier la spécialité d'action des eaux minérales, *la méthode des indications;* et le cadre restreint que j'ai dû m'imposer sur ce sujet difficile, et le peu que nous savons des eaux minérales, dès qu'il s'agit d'en généraliser l'étude, de les rapprocher les unes des autres, ne me permettaient pas d'entrer dans de plus grands détails. Je n'ai voulu prendre pour exemples que des faits certains : si la marche que j'ai suivie est approuvée, si les points de vue que j'ai présentés sont exacts, le nombre de ces faits augmentera, et la science des eaux minérales pourra se constituer sur des bases sérieuses, au grand bénéfice et de l'art dont les ressources seront augmentées, et de l'humanité, car c'est avec une conviction profonde et réfléchie que nous parlons des services que les eaux minérales peuvent rendre à l'art de guérir.

CONSIDÉRATIONS PRATIQUES
SUR L'ADMINISTRATION DES EAUX DE VICHY.

I.

La manière d'employer les eaux minérales est soumise presque partout aux mêmes principes, aussi n'entreronsnous pas dans de grands détails à ce sujet, afin d'éviter de répéter ce qui se trouve ailleurs. Nous insisterons seulement, fidèle à l'esprit qui domine ce travail, sur les points dont la considération peut servir à déduire ou à modifier les indications relatives aux eaux de Vichy.

Le traitement thermal peut être divisé en traitement interne et en traitement externe; c'est-à-dire, d'une part, eau prise en boisson, et d'une autre part, les bains, les douches ascendantes, les douches externes ou à percussion, et les bains de vapeur.

On a pour objet, en administrant l'eau de Vichy en boisson, d'agir directement sur la muqueuse digestive et sur les organes qui ont les connexions les plus intimes avec l'appareil digestif, et par suite de son absorption, sur toutes les parties de l'organisme où elle peut être apportée par la voie de la circulation.

Le premier fait que nous rencontrons, c'est le suivant, que presque toute l'eau minérale prise en boisson traverse le foie.

On sait aujourd'hui, surtout depuis les expériences de Panizza (1) et celles de M. Chatin (2), que l'absorption des sels solubles pris en boisson se fait, au moins en plus grande partie, par les veines de l'estomac et de l'intestin grêle, lesquelles venant aboutir aux radicules de la veine-porte, transmettent au foie la totalité du sang qu'elles renferment et des substances qui y ont été introduites. Quelques sels spéciaux seulement auraient le privilége d'entrer à la fois dans les veines et dans les lymphatiques (3). Un des premiers effets de l'introduction des eaux de Vichy dans l'estomac doit donc être une action directement exercée sur le foie, car il serait dif-

---

(1) *Archives générales de Médecine*, 4ᵉ série, t. II, p. 85.
(2) *Comptes rendus de l'Académie des sciences*, t. XVIII.
(5) Bérard : *Cours de physiologie*, 1850, t. II, p. 602.

ficile d'admettre que la quantité d'eau et de substances minérales qui traverse cet organe dans un court espace de temps, restât sans influence sur la formation et la sécrétion de la bile.

La spécialité d'action des eaux de Vichy sur le foie et le rétablissement des fonctions de cet organe, est en effet incontestable, non pas qu'elles jouissent seules de ce privilége que peuvent revendiquer presque toutes les eaux minérales, quelle qu'en soit la composition ; seulement on peut les ranger au nombre des plus efficaces. Est-ce par une action vitale, ou bien par une action chimique, et à l'aide de la soude qu'elles renferment, que les eaux de Vichy influent sur les fonctions du foie ? C'est ce qu'il est difficile de déterminer. Ce dernier mode d'action n'est pas, en général, celui que l'on peut attribuer aux médicamens qui présentent au plus haut degré l'aptitude à solliciter l'action du foie et la supersécrétion de la bile. C'est à l'action spéciale des sels de manganèse sur le foie et sur ses sécrétions que, d'après les expériences de Gmelin et ses propres observations, M. Ure attribue l'action de certaines eaux minérales d'Allemagne, en particulier celles de Carlsbad et de Marienbad, sur les fonctions du foie (1).

Ce qui distingue les eaux de Vichy de la plupart des médicamens que l'on pourrait appeler *hépatiques*, c'est que ce n'est en général que lentement et graduellement qu'elles agissent sur le foie. Très peu de personnes

______

(1) *London medical Gazette*, dans *Gazette médicale de Paris*, 1845, p. 443.

éprouvent à Vichy des flux de bile, en témoignage de la stimulation de cet organe; mais on voit quelquefois avec une grande évidence, chez certains individus, la bile colorer davantage les matières fécales au bout de peu de jours, et sans doute cette sécrétion plus complète contribue pour sa part à l'amélioration si rapide des digestions. Enfin, on sait combien les eaux de Vichy réussissent dans le traitement des engorgemens du foie et de certains vices de la sécrétion biliaire, qui disposent à la formation de calculs.

II.

Quoi qu'il en soit, c'est au sortir du foie que les principes introduits par l'eau de Vichy pénètrent dans la grande circulation, dont, après avoir suivi le trajet connu, ils abordent les extrémités pour y jouer leur rôle dans les phénomènes de la nutrition et des sécrétions, ainsi que pour agir sur la vitalité des organes.

Le défaut d'expériences directes sur ce sujet s'oppose à ce que nous nous arrêtions long-temps sur les modifications que le sang peut subir, par suite de l'introduction dans la circulation, des élémens constituans des eaux de Vichy. Cependant il est quelques considérations importantes qui doivent trouver leur place ici.

L'action des alcalis sur la constitution du sang, parfaitement étudiée dans ces derniers temps par M. Magendie, était déjà bien connue des anciens. Ils avaient vu que le sang se décolorait, devenait plus fluide, et qu'une cachexie générale en résultait, avec pâleur, bouffissure des tissus, affaiblissement profond, hémorrhagies passives, infiltration : c'est ce que les modernes ont désigné sous le nom de *dissolution du sang.*

Les craintes que Cullen exprimait touchant l'abus des alcalins, dans le traitement de la goutte et de la gravelle, lorsqu'il disait : « Qu'il n'avait jamais osé continuer long-temps ces remèdes, dans la crainte qu'ils ne produisissent un effet fâcheux dans l'état des fluides, » se sont maintes fois réalisées. « Depuis quelques années, disent MM. Trousseau et Pidoux, l'abus que l'on a fait des eaux de Vichy et de Carlsbad dans le traitement de la goutte a permis de juger cette grave question, et l'abus des alcalins a certes causé plus de mal que l'abus de l'iode (1). » Nous-même pourrions citer plus d'un exemple de semblables cachexies produites, moins par les eaux de Vichy dont l'usage est en général de courte durée, que par l'emploi indéfiniment prolongé du bicarbonate de soude.

M. Petit a présenté cependant cette propriété des eaux de Vichy, de « rendre le sang plus liquide, » comme « *l'effet essentiel* de ces eaux, comme l'effet le plus marqué qu'elles produisent (2). »

Il nous paraît impossible d'accepter cette manière de voir, et nous n'hésitons pas à affirmer : que si les eaux de Vichy produisaient constamment et nécessairement cet effet, d'augmenter la fluidité du sang, elles se trou-

---

(1) Trousseau et Pidoux : *Traité de thérapeutique,* etc., 1847, t. I, p. 556.

(2) Petit : *Du mode d'action des eaux de Vichy,* p. 29.

veraient formellement contre-indiquées dans plus des trois-quarts des cas où elles sont employées avec succès.

Les malades que l'on traite à Vichy peuvent se présenter dans des conditions tout-à-fait différentes. Mettez, en effet, en regard d'un côté les goutteux et les graveleux, qui, pour la plupart, sont des individus pléthoriques, à sang riche en fibrine, réparant avec excès, et dont le sang peut être fluidifié sans inconvénient, et d'un autre côté les malades de l'hôpital, par exemple, affectés de dyspepsies invétérées, d'engorgemens de la rate, de cachexie paludéenne, d'engorgemens des viscères, de rhumatisme, tous, sans exception, plus ou moins anémiques, chlorotiques, affaiblis ou par la misère, ou par le travail, ou par la maladie ; vous pourrez affirmer sans doute que ces derniers ne sauraient être soumis à une médication *fluidifiante*, sans en ressentir des effets désastreux. Or, c'est précisément des conditions semblables ou analogues que nous présentent le plus grand nombre des malades traités à Vichy. Lorsque c'est aux qualités *fluidifiantes, antiplastiques, désobstruantes*, que l'on attribue les effets salutaires des eaux de Vichy, dans le traitement des engorgemens viscéraux (1), on oublie que ces propriétés, applicables peut-être à telle tumeur, à tel engorgement, seraient nécessairement nuisibles à l'état général de ceux qui portent de semblables affections.

Que conclure de là? C'est que la forme sous laquelle s'administre le traitement thermal, et la quantité de bi-

***

(1) Petit, *loc. cit.*, p. 29.

carbonate de soude absorbé, n'est pas habituellement suffisante pour exercer une telle action sur le sang, puisqu'en général les effets bienfaisans de ces eaux sont d'autant plus prononcés que la cachexie est plus profonde. Il faut bien distinguer, parmi les accidens qui surviennent sous l'influence des eaux de Vichy, ceux qui résultent d'un excès de stimulation, et ceux qui tiennent à une modification inopportune des humeurs.

M. Petit dit avoir remarqué que les goutteux présentent une tolérance particulière pour les eaux de Vichy (1). Cette observation nous paraît fort juste. En effet, un grand nombre d'entre ces malades se trouvent dans des conditions telles que leur sang peut subir sans inconvénient, et même avec avantage, un certain degré de fluidification. Mais que penseriez-vous de l'opportunité d'une médication *fluidifiante*, *antiplastique*, chez ces malades dont parle M. Lucas, « qui viennent à Vichy, atteints de débilité profonde des intestins par l'abus des saignées, ou par un trop grand usage des boissons délayantes (2), » ou encore chez ces malades que l'Algérie envoie chaque année à Vichy, à l'hôpital militaire surtout, atteints d'une cachexie dont les principaux caractères sont la prédominance séreuse et la *défibrination* du sang, physiologiquement et chimiquement constatées (3).

Nous avons dû insister sur ces considérations, aux-

---

(1) Petit, *loc. cit.*, p. 567.
(2) Lucas, *Notice médicale*, etc., p. 121.
(3) *Voyez* le chap. *des maladies de l'Algérie*.

quelles aura toujours égard le médecin qui emploiera une médication alcaline. Les eaux de Vichy sont une arme à deux tranchans : on ne doit jamais en prescrire l'usage sans faire la part et de leur action chimique et de leur action dynamique.

Si les individus pléthoriques et à régime ou très animalisé ou très alcoolique, peuvent supporter sans inconvénient et même avec avantage l'action spécifique des alcalins sur le sang, l'excitation déterminée par le traitement thermal peut entraîner chez eux des conséquences fâcheuses ; on sait qui peut favoriser alors les congestions et les hémorrhagies actives.

D'un autre côté, chez les individus anémiques ou cachectiques, la stimulation est la condition essentielle du traitement ; mais il faut redouter une modification chimique des humeurs qui aggraverait nécessairement leur état (1).

Comment donc a-t-on pu présenter l'*alcalisation* de l'économie comme une condition essentielle et indispensable des eaux de Vichy, comme l'indication dominante de leur emploi, chez tous les malades indistinctement, tandis que c'est là précisément, dans un grand nombre de cas, une condition fâcheuse et un résultat qu'il faut éviter à tout prix ?

Si les exigences de la pratique ne rectifiaient pas ce

---

(1) On remarquera que, suivant que le malade se trouvera sous l'influence ou de l'action excitante ou de l'action chimique des eaux de Vichy, il pourra se trouver prédisposé à des hémorrhagies, actives dans le premier cas, passives dans le second.

qu'il y a d'inadmissible dans de pareilles théories, il y a long-temps que les eaux de Vichy seraient abandonnées précisément par les malades auxquels elles ont le plus de services à rendre. Mais heureusement, c'est la logique qui, en général, trouve le plus à se plaindre du peu d'accord qui règne si souvent entre la pratique de la médecine et les théories qui en revendiquent la direction.

En résumé, nous ne doutons pas que le système sanguin ne renferme quelques élémens nouveaux chez les individus qui font usage des eaux de Vichy, ainsi que chez tous ceux qui absorbent des principes non assimilables ; mais il est impossible de définir encore, en l'absence d'expériences positives, la nature de ces changemens. Nous croyons seulement qu'ils ne consistent pas, lorsque les eaux de Vichy sont administrées d'une manière convenable, dans la *fluidification*, ou, en d'autres termes, dans la défibrination du sang.

III.

L'eau de Vichy, que l'on voit tolérée à si haute dose par quelques individus, peut être très difficile à supporter : aussi est-il de précepte de commencer en général par de très faibles quantités, des quarts de verre ou des demi-verres, en augmentant chaque jour jusqu'à ce qu'on ait atteint de 4 à 6 ou 8 verres, quantité que nous n'avons jamais jugé convenable de dépasser.

Il se présente ici un point de pratique important : d'après quelles bases dirigera-t-on le traitement thermal ? A quels signes reconnaîtra-t-on la dose d'eau minérale qu'il ne faut point dépasser, ou bien le moment où il faut interrompre ou cesser le traitement?

M. Barthez, médecin de l'hôpital militaire de Vichy, a pensé que l'on pouvait prendre pour guide, à ce sujet, le degré d'alcalinité de l'urine, constatée au moyen du papier à réactif; que celui-ci exprimait avec fidélité le degré d'alcalinité, ou de *saturation* de l'économie, et permettait ainsi d'augmenter ou de diminuer la dose d'eau minérale, « suivant qu'il y a dans le corps excès ou insuffisance d'alcalinité (1). »

Nous avons le regret de ne pouvoir accepter en aucun point cette théorie, que nous trouvons en contradiction formelle avec la physiologie, la pathologie et la pratique.

Physiologiquement parlant, que veut dire l'état alcalin de l'urine, chez les individus qui prennent de l'eau de Vichy? Ce phénomène signifie que quelques-uns des principes absorbés, sous forme de bain ou de boisson, ont pénétré dans les reins par l'entremise de la circulation sanguine, et sont éliminés avec l'urine, comme il arrive pour la rhubarbe, le nitrate de potasse, le prussiate de potasse, introduits expérimentalement dans l'estomac et retrouvés au bout de quelques minutes dans l'urine (2), comme il arrive pour le principe odorant des asperges, qui s'y manifeste immédiatement après le repas. Ces principes n'arrivent-ils dans l'urine qu'après avoir pénétré tous les points de l'économie, qu'après les avoir

---

(1) Barthez : *Guide pratique des malades aux eaux de Vichy.*
(2) Richerand et Bérard : *Nouveaux élémens de physiologie,* 1855, t. 1.

saturés? C'est tout le contraire. C'est aux reins qu'ils arrivent d'abord, et avec une telle promptitude, que la rapidité de la circulation n'a pas toujours paru suffisante pour en rendre compte, et que l'on a cru long-temps à l'existence de communications directes entre l'appareil de la digestion et l'appareil urinaire. M. Bernard est même revenu à ce dernier ordre d'idées, et pense qu'il se fait dans la veine-cave inférieure un reflux qui peut rapporter directement dans les reins, par les veines rénales, le sang chargé des principes introduits dans la veine-porte par les vaisseaux absorbans de l'estomac et de l'intestin grêle.

Quoi qu'il en soit, le passage dans l'urine des principes salins introduits dans l'économie par l'estomac, ou même par la peau, est un phénomène aussi direct que possible. Il n'en faudrait d'autre preuve que le fait suivant : on sait qu'il peut suffire d'une heure à peine, passée dans un bain alcalin, pour que l'urine devienne neutre ou même alcaline. Il serait absurde de supposer que, dans un pareil cas, l'économie fût imprégnée d'alcalins, saturée, comme on dit.

Mais ensuite, quel rapport y a-t-il entre la saturation alcaline de l'économie et l'objet que l'on se propose, dans la plupart des traitemens par les eaux de Vichy? Qu'est-ce que la *saturation* de l'économie? Ce mot ne peut vouloir dire autre chose, si ce n'est que l'économie renfermant tout ce qu'elle peut contenir d'alcalis, ceux-ci s'élimineraient par toutes les voies d'excrétions, surfaces urinaires, cutanées, etc., comme on voit se déposer les principes solubles que ne peut plus dissoudre un liquide saturé. Mais si l'économie venait jamais à se trouver dans de semblables conditions, ce ne serait pas là seulement un état de saturation : ce serait un véritable empoisonnement, un état certainement incompatible avec la vie.

Ce n'est pas sérieusement que l'on peut soutenir que les individus anémiques, cachectiques, etc., qui à Vichy voient leurs urines revêtir des caractères alcalins, sont *saturés* d'alcalins, c'est-à-dire en contiennent dans leurs humeurs et dans leurs tissus une quantité telle que ceux-ci n'en puissent plus recevoir. Et enfin, quelle sera la conséquence naturelle, logique d'une pareille idée, la recherche de cette saturation imaginaire? Ce sera de poursuivre le traitement alcalin jusqu'à ce qu'on en ait obtenu la prétendue manifestation, l'alcalisation de l'urine. Mais il y a des individus dont l'urine s'alcalise avec beaucoup de difficulté. Nous avons soigné à Vichy un jeune homme atteint d'une gravelle urique considérable, dont l'urine ne devenait alcaline qu'à l'heure où il buvait, et reparaissait acide le soir ou le lendemain matin. Nous n'avons pas cru devoir dépasser pour cela les limites que nous assignons en général à ces sortes de traitemens : celui-ci s'était composé de 23 bains, 8 verres, pendant 13 jours, tant des *Célestins* que de la *Grande Grille*, et 10 douches sur les lombes. Ce malade est revenu l'année suivante beaucoup moins graveleux : il n'est point venu depuis à Vichy, n'éprouvant plus que des atteintes à peine appréciables do sa maladie. Les exemples de ce genre ne sont pas rares.

Si nous avions cherché à atteindre l'alcalisation de l'urine, n'aurait-il pu arriver à ce malade ce qui était advenu à un officier dont M. Prunelle nous a rapporté l'histoire, lequel était arrivé à boire 18 verres d'eau minérale par jour, sans parvenir à s'alcaliser, mais aussi qui pissait le sang et ressentait des douleurs néphrétiques atroces?

Nous ne supposons pas qu'un médecin pousse jamais lui-même à un tel degré les conséquences d'un principe quelconque. Mais l'exemple que nous venons de citer n'est qu'une conséquence naturelle, logique, de la théorie dont il est question.

L'alcalisation de l'urine n'est donc autre chose qu'un phénomène d'élimination, variant suivant les individus, suivant le plus ou moins d'énergie de leurs sécrétions, suivant d'autres conditions plus ou moins appréciables, mais dont il n'est permis de tenir compte qu'au point de vue des modifications éprouvées par l'urine elle-même. Bien plus, s'il y avait quelqu'induction à tirer du degré d'alcalisation de l'urine pour la direction du traitement thermal à Vichy, ne pourrait-on pas dire au contraire que plus l'élimination des alcalins paraît active, c'est-à-dire plus les sécrétions sont alcalines, et plus il est permis d'en introduire avec sécurité dans l'économie? Nous n'affirmons pas qu'il en soit ainsi : nous pensons seulement qu'une telle hypothèse offre plus de vraisemblance que celle dont nous venons de nous occuper.

Enfin, nous avons entrepris, il y a quelques années, à l'hôpital civil de Vichy, dont M. Prunelle avait bien voulu nous confier le service, une série d'expériences qui prouvent que l'alcalisation de l'urine, chez les malades soumis au traitement thermal de Vichy, est un phénomène variable, irrégulier, qui ne se montre en rapport ni avec la nature de la maladie, ni avec les résultats définitifs du traitement, ni même avec la dose d'eau minérale administrée. Nous reproduisons à la fin de ce chapitre ces expériences déjà publiées (1) : elles sont surtout intéressantes pour l'étude des modifications que l'urine peut subir sous l'influence des alcalins.

IV.

D'après quels principes pourrons-nous donc diriger le traitement thermal? Exactement d'après les mêmes principes qui servent à diriger toute autre médication.

Lorsque nous employons une médication déjà usitée, nous savons d'une manière générale comment il convient de l'adapter aux conditions d'âge, de tempérament, de constitution, de maladie enfin, que présente le sujet. Puis, nous observons les effets produits par cette médication elle-même et sur l'organisme en général, et sur certains symptômes en particulier. C'est d'après cette double source d'indications que l'on procède en thérapeutique. Nous ne parlons pas ici de ce que l'on peut devoir encore au tact médical, c'est-à-dire à ce que fournit l'expérience, l'habitude, le coup-d'œil, et qui échappe à toute formule. Voilà des guides plus sûrs, dans l'administration des eaux de Vichy, que des réactions

---

(1) Mémoires *sur les réactions acides ou alcalines présentées par l'urine des malades soumis au traitement par les eaux de Vichy,* dans *Revue médicale*, 1849.

chimiques auxquelles on nous paraît avoir donné une signification imaginaire.

C'est donc ainsi que l'on procédera dans l'administration des eaux de Vichy.

Maintenant il est des circonstances particulières qui sont propres à guider dans le cours d'un traitement thermal.

A Vichy, comme dans les autres traitemens de ce genre, les malades éprouvent, dès les premiers jours, un certain degré de courbature, de fatigue, quelquefois une aggravation des symptômes qu'ils sont venus combattre. C'est là le premier effet de l'excitation thermale. Dans certaines eaux, les eaux sulfureuses surtout, il se fait alors une éruption à la peau que l'on désigne sous le nom de *poussée*, et que l'on observe rarement à Vichy. Il ne faut pas s'arrêter à ces premiers phénomènes, mais bien continuer le traitement, et alors en général le bien-être et l'augmentation des forces succèdent au malaise et à la fatigue.

Mais lorsque les mêmes phénomènes viennent à se reproduire de nouveau, leur signification est différente : ils indiquent, non pas la saturation de l'économie, mais la satiété, c'est-à-dire que s'il faut en induire que l'économie a reçu un *excès* d'eau minérale, ce mot ne doit pas être pris dans son acceptation chimique, mais dans un sens physiologique. Quoi qu'il en soit, on suspendra aussitôt le traitement, soit définitivement, soit pour le reprendre ensuite. Mais, encore une fois, il est impossible de soumettre la conduite à suivre alors à aucune formule.

L'examen des organes de la circulation fournit peu
d'indications, relativement à la direction du traitement
thermal. Il est vrai que la fièvre peut être un des effets
de l'excitation thermale poussée trop loin. Mais on peut
établir, d'une manière générale, que les effets des eaux
de Vichy se font beaucoup plus sentir sur la circulation
capillaire que sur la grande circulation. L'action des
bains minéraux ne nous a pas paru sensiblement différer
de celle des bains ordinaires : ralentissement léger de
la circulation, lorsqu'ils sont pris à une température peu
élevée, accélération du pouls s'ils le sont à une température un peu considérable. Nous avons surtout observé
cette dernière circonstance dans les bains de piscine,
où les malades se tiennent debout, s'agitent, changent
de place.

Des effets particuliers se rencontrent chez quelques
individus. Un jeune homme, tombé dans un véritable
état cachectique, à la suite d'une affection ancienne du
foie et des intestins, avait habituellement le pouls de 80
à 84. Tous les jours il voyait celui-ci descendre, au bout
d'un quart-d'heure, de 10 pulsations, dans son bain
qu'il prenait à 32 ou 33° cent. Ceci n'a pas manqué une
fois sur 40 bains consécutifs.

Nous avons constaté plusieurs fois, à la fin du traitement thermal, une accélération notable du pouls chez
des individus très affaiblis, chez qui nous avions trouvé,
à leur arrivée, le ralentissement de la circulation, uni
à la prostration des forces et à l'amoindrissement des sécrétions.

V.

Les bains appartiennent également et au traitement interne, par l'absorption à laquelle ils donnent lieu, et au traitement externe, par la stimulation qu'ils exercent sur la peau. Nous avons parlé, à propos du traitement de la dyspepsie, de leur manière d'agir, rapprochée de celle de l'eau prise à l'intérieur (*page* 105); nous n'y reviendrons pas ici.

Nous dirons seulement quelques mots des bains de piscine. Ceux-ci ont des effets bien différens des bains de baignoire. Le volume considérable du liquide où les malades sont plongés, la quantité des principes minéralisateurs qui se renouvellent sans cesse autour d'eux, la mobilité de l'eau, les mouvemens qu'ils peuvent y exercer eux-mêmes, donnent à ces bains une efficacité beaucoup plus grande que celle des bains de baignoire, soit que l'on recherche une simple action topique de l'eau sur la peau, ou l'absorption des principes que cette eau tient en dissolution. En même temps, par une circonstance qui semble contradictoire, ces bains, beaucoup plus énergiques, sont souvent bien plus faciles à tolérer. En effet, tandis que l'on reste difficilement plus de deux heures dans une baignoire d'eau de Vichy, sans éprouver de la céphalalgie, des étourdissemens, ou même des symptômes plus graves de congestion cérébrale, on peut généralement rester quatre ou cinq heures dans la piscine sans en ressentir de fatigue.

Cependant, il est loin d'en être toujours ainsi; et la

stimulation exercée par les bains de piscine est quelquefois trop forte pour pouvoir être tolérée. J'ai observé à ce sujet des faits très intéressans. J'ai vu des malades, après avoir éprouvé les meilleurs effets de la piscine, tandis qu'ils étaient souffrans et affaiblis, ne plus pouvoir la supporter, l'année suivante, alors qu'ils avaient recouvré de la force, de la santé, et sans doute plus d'excitabilité. Dans d'autres circonstances, j'ai vu, à la suite de traitemens longs et infructueux, les bains de piscine déterminer immédiatement une amélioration considérable. Il est évident qu'on peut puiser des ressources thérapeutiques importantes dans la seule combinaison des bains de baignoire et des bains de piscine; mais malheureusement on ne peut disposer de ces derniers, à Vichy, que dans des limites très restreintes.

Nous avons obtenu, des douches ascendantes, fournies par l'eau de la source de l'*Hôpital*, à la température de 30° cent. environ, des résultats très importans, et à l'exemple de M. Prunelle, nous en faisons un grand usage dans notre pratique.

Ces douches peuvent être administrées et graduées de manière à fournir à des indications différentes.

On peut les faire pénétrer profondément dans l'intestin, à l'aide d'une canule; prises pendant quelques instans seulement, elles agissent d'abord comme évacuant. Si l'on prolonge leur action pendant plusieurs minutes, en les suspendant, au besoin, de temps à autre, pour laisser écouler l'eau introduite dans l'intestin, elles exercent sur ce dernier une stimulation locale, laquelle s'étend de proche en proche à toutes

les parties du canal intestinal, et remédie surtout à
l'atonie de la couche musculaire des intestins et à l'in-
suffisauce des sécrétions. Aussi leur usage peut-il être
parfaitement indiqué en l'absence de toute constipation.
Il n'est pas besoin d'ajouter qu'un tel moyen ne peut
être employé sans précaution, et que les voies digestives peuvent offrir un degré d'excitabilité qui en rende
l'usage impossible, lors même que les eaux de Vichy
n'en seraient pas contre-indiquées.

Employées simplement comme douches à percussion
sur l'orifice anal, les douches ascendantes agissent de la
même manière, bien qu'avec moins d'énergie, et de
plus favorisent l'apparition ou le développement d'hé-
morroïdes, condition souvent favorable, surtout dans
un grand nombre de maladies de l'abdomen, et qui
permet de les employer comme révulsif dans certaines
dispositions aux congestions encéphaliques.

Il n'est pas nécessaire d'insister sur le parti que l'on
peut tirer de ces douches ascendantes dans le vagin, sur
le périnée, dans le traitement de l'aménorrhée, de la
leucorrhée, des engorgemens utérins, etc. Nous signalerons seulement encore les douches pénétrant dans le
rectum, comme un adjuvant précieux dans le traitement
des engorgemens utérins et du catarrhe de la vessie.

Les douches externes ou à percussion peuvent être
employées comme résolutives ou comme révulsives, c'est-
à-dire soit le plus près possible d'un organe malade,
affaibli ou engorgé, soit à distance, ainsi sur les extrémités inférieures, le rachis, les lombes. Il est facile de
reconnaître, par l'état incomplet où sont demeurés jusqu'ici, à Vichy, les appareils destinés à ce genre de

médication, que l'on n'a jamais compris l'importance qu'il pouvait avoir et les ressources qu'il était possible d'en tirer (1). Nous nous proposons de faire de ce sujet l'objet d'un travail spécial.

Quant aux bains de vapeur, nous n'en pouvons parler ici que pour mémoire. Il en existait, si nous ne nous trompons, au temps de Mme de Sévigné ; mais il n'en est plus question aujourd'hui. C'est un inconcevable oubli dans un établissement de l'importance et de la valeur thérapeutique de celui de Vichy. Cependant nous avons des raisons de croire que cet oubli ne tardera pas à être réparé.

VI.

De l'action exercée par le traitement thermal sur l'acidité normale de l'urine.

J'ai examiné, à l'aide du papier réactif, les urines de 87 malades, presque tous appartenant à l'hôpital civil de Vichy.

Cet examen était fait sur l'urine de la nuit, telle qu'elle se trouvait le matin, avant toute boisson, dans les vases de nuit. Sur tous ces malades, les expériences étaient répétées assez exactement tous les deux ou trois jours, quelquefois plusieurs jours de suite, de manière qu'en moyenne, l'urine de chacun d'eux a été examinée de 4 à 8 fois, et davantage, à peu d'exceptions près. Il m'a

---

(1) Nous devons ajouter cependant que si l'établissement thermal de Vichy ne s'est pas encore complété sous ce rapport, ce n'est pas faute d'instances et d'efforts de la part de M. le docteur Prunelle, à ce sujet.

été permis de constater ainsi la plupart des changemens qui peuvent survenir dans le degré d'acidité ou d'alcalinité de l'urine, soit sous l'influence de causes connues, soit en dehors de toute cause appréciable pour moi.

Le degré d'alcalinité de l'urine ne peut pas s'apprécier à l'aide de papiers réactifs, en termes très rigoureux ; j'ai admis les divisions suivantes :

Urine *très alcaline*, quand le papier se colorait en bleu foncé ;

Urine *alcaline*, quand il n'offrait qu'une couleur bleue prononcée ;

Urine *faiblement alcaline*, quand il ne présentait qu'une teinte violacée ;

Enfin, urine *neutre, acide.*

Tableau des réactions acides ou alcalines présentées par l'urine des malades soumis au traitement par l'eau de Vichy.

Urine très alcaline..................   5 fois.
Urine alcaline......................   19 —   } 30
Urine alcaline à des degrés variés......   6 —
Urine faiblement alcaline............   12 —
Urine neutre........................   4 —
Urine acide.........................   6 —
Urine alternativement alcaline et neutre (1)...........................   14 —

A reporter...   66 —

(1) Sur ces 14 cas, 7 fois l'urine ne fut que *faiblement* ou à peine alcaline.

            Report.... 66 —

Urine alternativement alcaline, neutre
et acide (1) .... 21 —

                           87

Urine plus alcaline à la fin du traitement
qu'au commencement............ 1 fois.
Urine moins alcaline à la fin qu'au commencement (2 fois acide à la fin)... 7 —

Il résulte du tableau qui précède :

1° Que l'urine se trouve à peu près constamment
modifiée par l'emploi des eaux de Vichy, et que l'effet,
généralement immédiat, de ces eaux, est de lui enlever
ses qualités acides ;

2° Que cette alcalinité prononcée, que M. d'Arcet
avait établie comme la règle chez les individus soumis
au traitement par l'eau de Vichy, ne se rencontre que
dans un nombre de cas limité ;

3° Que cette alcalinité est sujette à varier ou à disparaître sous l'influence de causes éventuelles, plus ou
moins faciles à apprécier, et dont la plus commune ou
du moins la plus certaine est la diarrhée, accident assez commun pendant le traitement par les eaux de Vichy.

J'ai cherché à reconnaître jusqu'à quel point les diverses conditions de l'urine observées à Vichy sont en
rapport avec la dose des eaux employées, la nature des
maladies, le sexe des malades, enfin le résultat du traitement.

---

(1) Sur ces 21 cas, l'alcalinité passagère de l'urine ne fut *prononcée* que 5 fois.

A. — *Rapports de la dose des eaux employées, avec la nature des réactions de l'urine* (1).

NATURE DES RÉACTIONS DE L'URINE.	Nombre des malades.	Moyenne des verres d'eau.
Urine très alcaline	5	5 1/10
Urine alcaline.	25	6 9/10
Urine faiblement alcaline.	12	5 1/7
Urine alternativement acide, neutre et alcaline.	21	7 1/7
Urine alternativement neutre et alcaline.	14	7 1/5
Urine acide.	4	6
Urine neutre.	6	6 3/6

B. — *Rapports de la maladie avec la nature des réactions de l'urine.*

NATURE DES RÉACTIONS DE L'URINE.	Dyspepsie.		Engorgement du foie.	Engorgement de la rate.
Urine alcaline.	chez 7	malades	2	3
Urine faiblement alcaline . . .	— 4	—	2	1
Urine alternativement acide, neutre et alcaline	— 6	—	4	7
Urine alternativement neutre et alcaline.	— 4	—	–	5
Urine neutre.	— –	—	1	1
Urine acide	— 1	—	–	1
	22		9	18

---

(1) Tous les malades dont il est question ici prenaient tous les jours un bain d'une heure au moins, de trois heures au plus.

A l'inverse de ce qui a lieu au sujet des autres médicamens, on peut être assuré que la plupart des malades dépassaient les doses prescrites, plutôt que de les restreindre.

C. — *Rapports des résultats du traitement avec la nature des réactions de l'urine.*

NATURE DES RÉACT. DE L'URINE.	Grande amélioration.	Amélioration.	Amél. légère.	Amélior. non persistante ou incomplète.	Pas d'amélior.	Aggravation.	
Urine alcaline..........	8	13	3	2	4	–	30
Urine faiblement alcaline	2	3	1	2	4	–	12
Urine alternativ. acide, neutre et alcaline.....	9	2	2	3	4	1	21
Urine alternat. neutre et alcaline.............	4	8	–	–	2	–	14
Urine neutre..........	1	1	–	1	1	–	4
Urine acide...........	1	2	–	1	2	–	6
	25	29	6	9	17	1	87

Il résulte évidemment de ces différens tableaux, que les circonstances qui en font le sujet n'influent pas sensiblement sur le degré d'alcalinité que l'urine peut acquérir par le fait des eaux de Vichy.

A. — C'est précisément dans les cas où les eaux ont été prises à la moindre dose, que l'urine a paru s'alcaliser le plus profondément dans les faits que j'ai observés, et les plus fortes doses d'eau thermale, en moyenne, n'ont occasionné qu'une alcalinité passagère et généralement peu prononcée.

Je ne nie pas qu'en augmentant indéfiniment la dose d'eau minérale, on n'en pût venir à obtenir un état d'alcalinité plus prononcé et plus persistant : mais je ferai remarquer que, dans presque tous les cas dont il est ici question, j'avais poussé la dose de l'eau minérale aussi haut que possible, non pas que je cherchasse systématiquement à atteindre la limite de son emploi, mais seulement que je me suis trouvé, dans un grand nombre de cas, obligé ou d'arrêter ou de diminuer la dose des eaux, parce que j'étais arrivé, non pas à la *saturation*, comme dit M. Barthez, mais à la *satiété* des eaux, phénomène dont le nom indique la nature, et que l'on ne méconnaît pas impunément à Vichy.

Je n'ai constaté que dans un seul cas une augmentation graduelle de l'alcalinité de l'urine, depuis le commencement jusqu'à la fin de la cure.

Au contraire, j'ai vu sept fois, circonstance curieuse, sans doute, l'urine perdre graduellement de son alcalinité à mesure que l'on avançait dans le traitement, et reprendre même, dans deux cas, à peu près son acidité naturelle avant la fin de la cure. Or, dans ces deux derniers cas, en particulier, le traitement fut successivement porté, dans l'un, à 6 verres de l'hôpital, chez une femme de 37 ans, affectée d'entérite, partie avec une *grande amélioration*, — dans l'autre, de 4 à 8 verres de la grande Grille et du puits artésien, chez un jeune garçon de 13 ans, affecté d'engorgement de la rate et parti avec une *grande amélioration*. J'ajouterai qu'il n'était survenu ni dévoiement ni aucune autre cause, appréciable pour moi, de ce changement remarquable des urines.

B. — Je n'ai dû, relativement à l'influence que la nature de la maladie pouvait exercer sur la disposition des urines à s'alcaliser, tenir compte que des affections dans lesquelles j'avais pu réunir un certain nombre d'observations semblables.

Il semblerait, si l'on doit s'arrêter à de telles diffé-rences de chiffres, que l'urine se fût alcalisée plus par-faitement chez les malades atteints de dyspepsie, que chez ceux affectés d'engorgement de la rate ou du foie. Ce fait serait d'autant plus remarquable, qu'en général les eaux étaient employées à une dose bien moindre chez les dyspeptiques, dont les voies digestives nécessitent de grandes précautions dans leur emploi, que chez les in-dividus à grosse rate, dont l'estomac pouvait en général supporter des doses bien plus élevées.

Cela tiendrait-il à ce que les dyspeptiques mangeant beaucoup moins que les autres, et en particulier moins de viande, leur urine se trouvait naturellement moins acide, et par conséquent plus facile à neutraliser ou à alcaliser?

C. — Les résultats du traitement semblent montrer un certain avantage en faveur des cas où l'urine était alcaline, puisque nous trouvons que sur les 54 cas d'a-mélioration bien constatée, 21 appartiennent aux indi-vidus dont l'urine était alcaline, et 33 seulement à ceux dont l'urine était ou irrégulièrement ou faiblement al-caline, ou neutre ou acide, tandis que la proportion générale des urines franchement alcalines à celles qui ne le sont pas, nous avait paru de 30 contre 47, proportion un peu moins élevée.

Mais ce qui nous importe ici, c'est surtout de consta-ter que l'état acide ou irrégulièrement alcalin de l'urine n'est ni un obstacle à l'action thérapeutique de l'eau de Vichy, ni un indice défavorable, puisque sur 53 cas d'a-mélioration, si l'urine était 21 fois alcaline, elle a été

11 fois alternativement acide et alcaline, 2 fois toujours neutre, et 3 fois toujours acide.

DU RÉGIME A SUIVRE PENDANT LE TRAITEMENT PAR LES EAUX DE VICHY.

Quelques-uns des médecins qui pratiquent à Vichy, professent : que le régime alimentaire doit y être directement subordonné à la nature chimique du traitement thermal ; que celui-ci étant alcalin, il faut, sous peine d'en détruire tous les effets, s'abstenir, pendant toute sa durée, d'introduire aucun acide dans l'estomac.

Nous remplacerons cette proposition, qui est passée, auprès des malades, à l'état d'axiôme, par la suivante : qu'à Vichy, comme ailleurs, c'est uniquement d'après la nature de la maladie et la constitution du malade, que doit être dirigé le régime diététique.

Ce n'est pas sans quelqu'embarras que nous abordons une question si simple, et ce n'est pas non plus sans regret que nous revenons encore sur des contradictions plusieurs fois déjà présentées dans le cours de ce travail. Mais tout se lie dans de tels sujets.

L'idée que les eaux de Vichy n'agissent qu'en vertu de leurs propriétés alcalines, a fait créer cette singulière pathologie qui ne voit à peu près que des acides à neutraliser, ou de l'albumine à dissoudre dans les affections auxquelles on les oppose avec succès, depuis les maladies les mieux matérialisées en apparence, comme les engorgemens viscéraux, la gravelle, jusqu'aux maladies les plus purement fonctionnelles, comme la dyspepsie, la goutte, jusqu'aux diathèses même (*page* 24); elle a conduit, cette idée, à ne tenir aucun compte, dans la goutte, par exemple, des différences de forme, de siége, d'époque, dont l'importance élémentaire a toujours dominé les indications thérapeutiques dans cette maladie (*page* 150); elle a conduit à supposer qu'il fallait fluidifier le sang des individus les plus cachectiques (*page* 200); elle a conduit à administrer les eaux de Vichy à une dose exagérée; elle a conduit encore à soumettre la direction du traitement thermal à la simple considération du degré d'alcalinité de l'urine (*page* 206), et enfin à considérer jusqu'à l'usage du vin comme incompatible avec l'usage des eaux de Vichy.

Pour nous, prenant un point de départ différent, celui ci : que les phénomènes chimiques qui se passent dans le sein de nos organes n'ont pas généralement la simplicité de ceux qui s'effectuent dans nos laboratoires; qu'il n'est pas toujours possible de soumettre la chimie organique aux mêmes formules que la chimie minérale; qu'il n'est presque pas un seul fait, parmi ceux d'après lesquels on a prétendu expliquer chimiquement l'action des eaux de Vichy dans les maladies, qui puisse être accepté dans l'état actuel de la science, nous avons cherché à faire comprendre : qu'auprès des modifications chimiques fort obscures encore que les eaux minérales peuvent imprimer à nos tissus et à nos humeurs, il y a une action vitale et des modifications fonctionnelles dont il faut tenir compte d'abord ; que les indications relatives à l'emploi des eaux minérales ne doivent point être recherchées dans de simples réactions chimiques dont la plupart peuvent être hautement contestées, et dont les autres sont absolument inadmissibles; que les indications et les contre-indications de la thérapeutique minérale doivent être puisées exactement aux mêmes sources que toutes les autres médications, c'est-à-dire dans la double considération et de l'action déjà connue de la médication employée, et de la nature des phénomènes locaux et généraux présentés par le malade lui-même.

Maintenant, arrivant à l'hygiène et à la diététique, nous trouvons la question posée exactement de la même manière.

Dans le cours d'une médication alcaline, dit-on, il faut s'abstenir de tout acide. En effet, sous prétexte « des phénomènes chimiques dont le résultat serait de paralyser l'action de l'eau et de nuire à son efficacité (1) », nous voyons défendre de la manière la plus rigoureuse les fruits, le moindre assaisonnement acide, le vin, le lait, etc. Ce sujet soulève une double question de physiologie et d'hygiène, dont la première doit servir à résoudre la seconde.

On a d'abord oublié, lorsqu'on a posé de semblables règles de diététique, que les substances alimentaires que nous prenons subissent, soit par le fait même de la digestion, soit dans le sein de nos organes, des décompositions qui les dénaturent en général complètement. Sans doute, quand nous avalons un composé d'iode, de

_____

(1) Barthez : *Guide pratique des malades aux eaux de Vichy.*

fer, de soufre, sous quelque forme que ce soit, l'iode, le fer, le soufre se retrouvent toujours dans nos tissus. Mais quand il s'agit de matériaux tels que ceux dont se composent nos alimens, c'est-à-dire de substances organiques, il en est tout autrement. Nous prenons des acides ou des alcalis organiques : mais l'acidité, la neutralité, ou l'alcalinité, ne sont pas des caractères essentiels, comme l'a fait remarquer Burdach (1). Avant d'être parvenues bien avant dans l'économie, ces substances ne seront-elles pas converties en toute autre chose ? « Il semble, dit M. Bernard, que la composition du liquide sanguin mette obstacle à un grand nombre de combinaisons qui s'opèrent habituellement dans les laboratoires, entre des substances de nature inorganique.... (2). »

Notre sujet va nous offrir un exemple frappant à l'appui de ce que nous venons d'exposer.

Les fruits, avons-nous dit, sont expressément défendus à Vichy, sous prétexte d'acidité. « Les acides malique, tartrique, oxalique, etc., qu'ils renferment, sont, dit-on, des plus nuisibles à l'action et au résultat salutaire des eaux... Vous croyez introduire dans le sang du bicarbonate de soude, comme c'était votre intention, écrit M. Barthez, du tout, c'est des tartrates, des citrates, des acétates de soude que vous y infiltrez...,

---

(1) Burdach : *Traité de physiologie*, 1857, t. VIII, p. 55.

(2) Bernard : *Expériences sur les manifestations chimiques diverses des substances introduites dans l'organisme*, dans *Archives gén. de médecine*, 1848, 4ᵉ série, t. XVI, p. 79.

ce qui dénature complètement les sels de Vichy et détruit par conséquent les propriétés particulières des eaux.... (1). »

Malheureusement nous sommes contraint d'objecter à cette dernière conclusion, que c'est précisément le contraire qui arrive. « Wœhler, disait Berzélius en 1833, a trouvé que chez l'homme, comme chez les chiens, les sels neutres produits par la combinaison des acides végétaux avec la potasse et la soude, subissaient, de la part de l'action vitale, une décomposition dont le résultat était que l'alcali s'échappait par l'urine, à l'état de carbonate, de sorte qu'après un abondant usage de ces sels, l'urine devenait assez alcaline pour faire effervescence avec les acides. Voilà pourquoi il arrive très fréquemment que *l'urine devient fortement alcaline* après qu'on a mangé beaucoup de certains fruits, tels que *pommes, cerises, fraises, groseilles,* etc., parce que ces fruits contiennent des citrates, des malates potassiques, que l'action de la vie décompose. Cette circonstance explique un fait constaté par l'expérience, c'est que l'usage prolongé de ces fruits fournit un moyen efficace contre les calculs ou les graviers d'acide urique (2).

Ces expériences de Woehler, renouvelées depuis par M. Millon (3), ont cours aujourd'hui dans la science (4):

---

(1) Barthez : *Guide....*, p. 174.

(2) Berzélius : *Traité de chimie,* 1833, t. VII. p. 401.

(3) Millon et Reiset : *Annuaire de chimie,* 1845.

(4) Bussy : *Sur les altérations des urines dans les maladies,* Thèse d'agrégation, 1858. Mialhe : *Nouvelles recherches sur la cause et le traitement du diabète sucré,* 1849, etc.

mais c'est des faits de ce genre que l'on peut dire :
« qu'il est impossible de prévoir rigoureusement, d'après les notions ordinaires de la chimie, les résultats de certaines expériences (1). » Aussi ne saurions-nous nous étonner que les médecins qui ne les connaissaient pas, n'aient pas très exactement apprécié ce que les fruits deviennent dans l'économie.

Passons à un autre sujet :

Le vin est proscrit à Vichy comme devant, à l'instar des fruits, détruire toute l'efficacité du traitement thermal, à cause des acides qu'il renferme. Il faut, dit M. Petit, éviter avec soin tous les acides, et sous ce rapport, supprimer le vin, ou du moins en boire très-peu et encore étendu d'une grande quantité d'eau (2). M. Barthez affirme que le vin ne convient en aucune manière lorsqu'on boit les eaux de Vichy, parce que, contenant, entr'autres choses... du tartrate acide de potasse et de chaux..... et de l'acide acétique ou vinaigre ,.... « cette boisson mélangée avant ou pendant qu'elle est dans l'estomac ou dans le sang, se combine, décompose et neutralise les principes alcalins des eaux, et forme avec eux des combinaisons nouvelles, d'où découlent des propriétés nouvelles (3). »

N'est-ce pas se faire une singulière idée des phéno-

---

(1) Bernard : *Archives gén. de médecine*, 4ᵉ série, t. XVI, p. 251.

(2) Petit : *De l'efficacité.... des eaux de Vichy dans les maladies désignées sous le nom d'engorgemens ou d'obstructions chroniques,* 1856. p. 49.

(3) Barthez : *loc. cit.*, p 178.

mêmes qui se passent dans l'économie, que de se figurer les principes que nous y introduisons, se poursuivant ainsi pour exercer les uns sur les autres des réactions que personne n'a constatées, et que, pour la plupart au moins, tout nous défend d'admettre.

Or, bien que M. Barthez prétende que le vin n'étant que « le résultat d'une mauvaise habitude de notre civilisation, n'est pas d'une nécessité indispensable » ; cette question de l'opportunité de l'usage du vin pendant le traitement thermal de Vichy, est loin d'être sans importance. Il n'est pas indifférent de savoir si l'on peut, sans inconvénient, donner du vin à des malades affaiblis, anémiques, cachectiques, comme ceux qui s'y trouvent en si grand nombre ; s'il faut en particulier en priver les malades des hôpitaux, qui viennent à Vichy refaire leur constitution délabrée par la maladie, la fatigue, la misère, un régime insuffisant ou vicieux, etc. Probablement que les médecins qui envoient à Vichy des diabétiques y chercher un traitement alcalin, même pris dans le sens le plus chimique du mot, n'ont pas l'intention qu'on les prive, de peur d'annuler les effets des eaux, du vin qui fait une des parties essentielles de leur traitement (1).

Que se passe-t-il quand on prend du vin mêlé à l'eau de Vichy ?

La matière colorante du vin verdit sous l'influence des alcalins. La matière astringente se combine avec le

____

(1) Bouchardat : *Supplément à l'annuaire de thérapeutique pour* 1846, et *Annuaire de thérapeutique pour* 1848.

fer de l'eau minérale, et une portion de l'acide carbonique de cette dernière cède la place aux acides du vin, tartrique, maligne, acétique, et fait des tartrates, des malates et des acétates de soude. Que l'on prenne le vin mêlé à de l'eau pure ou à de l'eau minérale, nous avons vu que les alcalis minéraux combinés aux acides organiques se convertissent dans l'économie en carbonates alcalins.

Qu'y a-t-il donc dans ces transformations du vin, de contraire à l'action des eaux de Vichy? Nous avons reconnu, d'un autre côté, par une expérience plusieurs fois répétée sur nous-même, que l'urine pouvait s'alcaliser aussi promptement par l'usage de l'eau de Vichy coupée avec un quart de vin, que par l'usage de l'eau de Vichy pure.

Quant aux acides minéraux eux-mêmes, Berzélius a reconnu qu'ils ne passent pas dans l'urine, et ne la rendent jamais plus acide qu'elle n'est (1). En effet, une petite quantité d'acide vînt-elle à pénétrer dans la circulation, qu'elle devrait être immédiatement neutralisée par la soude libre contenue dans le sang.

En voilà suffisamment pour nous édifier sur la valeur de ce fantôme d'acides qui domine toute la diététique de Vichy, et y condamne les malades à une assez triste cuisine, en les privant gratuitement de toute une série d'alimens ou d'assaisonnemens dont l'appétence se fait particulièrement sentir pendant la saison chaude.

L'étude à laquelle nous nous livrons en ce moment,

---

(1) Berzélius : *Traité de chimie*, 1833, t. vii, p. 401.

peut encore être poursuivie sous un autre point de vue.

M. Petit prétend que « puisque le principe acide du suc gastrique est nécessaire pour dissoudre les substances animales et les préparer aux transformations qu'elles doivent subir, il ne faut pas boire d'eau de Vichy ni aucune boisson alcaline aux repas ou pendant le travail de la digestion stomacale, lorsqu'on fait usage de viande (1). »

Nous ne pouvons nous dispenser de faire remarquer que cette recommandation, qu'on la considère au point de vue théorique, ou expérimental, ou pratique, repose sur une idée erronée.

D'abord ce n'est nullement par leurs acides ou leurs alcalins qu'agissent les divers agens de la digestion stomacale ou duodénale; on sait parfaitement aujourd'hui que c'est à la manière des fermens qu'ils agissent sur les principes alimentaires. Le suc gastrique à 100° est encore acide, mais il cesse de pouvoir dissoudre la viande, parce que les fermens sont toujours détruits à une telle température (2).

Ensuite, bien loin que les alcalins neutralisent le suc gastrique, ils en augmentent au contraire la sécrétion. M. Bernard l'a démontré par l'expérience suivante : on prend deux chiens auxquels on donne une quantité semblable de viande, mêlée, pour l'un d'eux, d'un peu de bicarbonate de soude. On tue ces deux chiens au bout du même espace de temps, et l'on trouve toujours que

---

(1) Petit : *Du mode d'action des eaux de Vichy,* 1850, p. 75.
(2) Magendie : *Cours fait au collége de France,* 1851.

c'est celui qui avait pris du bicarbonate de soude en même temps que la viande, dont la digestion est le plus avancée. M. Bernard a vu également, sur des chiens porteurs d'une fistule gastrique, que lorsqu'on introduisait des alcalins dans l'estomac, ceux-ci neutralisaient d'abord les acides qu'ils y rencontraient; mais presque immédiatement il se faisait une réaction, et les acides affluaient en plus grande abondance. Ces expériences n'auraient pas été faites, qu'il n'est pas un médecin qui n'ait eu l'occasion de s'assurer que l'usage de l'eau de Vichy, loin d'entraver la digestion de la viande, la facilite au contraire et l'accélère. Cette observation vaut toutes les théories possibles.

Il est à remarquer, du reste, que les sécrétions alcalines des organes digestifs paraissent surtout excitées par les acides, et les sécrétions acides par les alcalins. D'un autre côté, tandis que la sécrétion du suc gastrique, comme nous venons de le voir, est augmentée par les alcalins, le vinaigre et les fruits acides diminuent notablement la production de ce fluide (1).

On voit, par tous ces exemples, que, lorsqu'on applique à la chimie organique, c'est-à-dire à celle qui s'accomplit dans le sein de nos organes, les règles qui s'appliquent à la chimie minérale, on court risque de prendre exactement le contre-pied des choses (2).

______

(1) *Supplément du Dictionnaire des dictionnaires de médecine*, 1851, art. DIGESTION.

(2) On lira avec fruit, sur ce sujet, le *Traité de l'art de formuler*, 1845, de M. Mialhe, ouvrage fort remarquable, dont nous n'acceptons cependant pas toutes les doctrines.

Nous ne voulons pas dire qu'il ne se passe point dans l'organisme des phénomènes qui rentrent dans la chimie ordinaire : mais seulement qu'il ne faut pas s'attendre à les y rencontrer toujours. Les exemples que nous venons de citer montrent à quelles déceptions on s'expose alors.

Grâce aux travaux si remarquables de MM. Liebig, Dumas, Bernard, Mialhe, Bouchardat, etc., la diététique a pris une face nouvelle. Il est impossible aujourd'hui, soit dans l'état de santé, soit dans l'état de maladie, de la diriger d'après des règles précises, certaines, et il n'est plus permis surtout de s'en rapporter à ces apparences superficielles qui trompent presque toujours dans les inductions qu'on prétend en tirer.

Le régime que les malades doivent suivre à Vichy n'empruntera donc rien de particulier à la nature chimique du traitement thermal.

Parmi ces malades, les uns ne présentent, ni dans leur constitution, ni dans leur maladie, rien qui indique la nécessité d'un régime spécial : ils n'ont qu'à suivre alors les règles ordinaires de la diététique.

Mais il en est d'autres qui présentent ou une constitution, ou une diathèse déterminée, dont le régime alimentaire doit constituer le premier traitement. Aux individus anémiques, cachectiques, il faudra un régime tonique, des viandes peu cuites, du vin pur, peu de farineux ; aux individus pléthoriques, présentant la diathèse azotée, les goutteux, les graveleux, on recommandera au contraire une grande modération dans l'usage des viandes, du vin et de toute alimentation stimulante. Chez quel-

ques-uns d'entr'eux, comme chez la plupart des dispep-
tiques, les acides seront évités avec soin. Mais nous
voulons parler ici, pour les premiers surtout, des acides
qui demeurent acides dans l'économie, et non de ceux
qui s'y transforment en alcalins.

Quant aux individus dont les voies digestives sont
elles-mêmes affectées, ils suivront les indications spéciales que la nature de leur maladie, que les dispositions individuelles des organes de la digestion leur pres-
criront. C'est ainsi qu'il en est dont l'estomac ne peut
tolérer la présence d'aucun acide (1).

Maintenant, le traitement thermal doit également
être pris en considération sous différens rapports.

Ainsi, les malades se tiendront en garde contre l'appétit que développent habituellement les eaux de Vichy,
et qui, souvent, ne saurait être satisfait sans inconvénient, surtout lorsque les voies digestives sont elles-
mêmes en mauvais état.

L'excitation déterminée par les eaux de Vichy com-
mandera quelquefois un régime doux et rafraîchissant.

Enfin, le seul fait de l'administration du traitement
thermal fait à tous une loi de la sobriété et d'une
exacte observance des principes diététiques un peu
rigoureux. Nous n'entendons pas par là des privations
inutiles et mêmes nuisibles. C'est ainsi que le vin et les
fruits, le premier comme tonique, les seconds comme
rafraîchissans, devront être le plus souvent *prescrits*

____

(1) Sandras : *Traité pratique des maladies nerveuses,* 1851, t. ii,
p. 570

aux malades qui suivent le traitement thermal, lorsque ceux-ci ne présenteront pas quelque contre-indication spéciale à leur usage. Aucun doute sérieux ne saurait s'élever à ce sujet.

Enfin, il est des circonstances où, sous l'influence salutaire de ce même traitement, les dyspeptiques, les diabétiques eux-mêmes, pourront se départir un peu de la sévérité de leur régime habituel.

Tel est le véritable point de vue sous lequel nous paraît devoir être envisagée la diététique à Vichy : comme la théorie, comme la pratique des eaux de Vichy, nous la déduisons des notions que la physiologie, la chimie, la pathologie, et l'observation dégagée de toute idée préconçue, nous ont permis de rassembler.

BIBLIOTHÈQUE NATIONALE R.F. IMPRIMÉS.

www.ingramcontent.com/pod-product-compliance
Lightning Source LLC
Chambersburg PA
CBHW061453060726

47597CB00002B/583